自閉症療育のコペルニクス的転回

エビデンスは現場にある

MOEGI NO SATO
method

自閉症と共に半世紀

「受容的交流療法」を再評価する

〈自閉症・子育て総合支援センター〉**萌葱の郷メソッド**

はじめに

自閉症児との初めての出会いは、大学受験を目前に控えた高校3年時に徳島県阿南市の「淡島学園」に同級生を誘って慰問に行った時です。みんなで小遣いを出し合って駄菓子を手土産に訪問しました。

園児の中に一人だけ私たちには目もくれず、黒板に精密なウロコのある独特の魚の絵をひたすら描き続ける子どもがいました。施設訪問は初めてではありませんでしたが、「淡島学園」は初めての訪問でした。彼の奇妙なしぐさや特徴が強烈な印象として残っています。彼が初めて出会った自閉症児でした。

その後、学生時代に一麦寮で自閉症者と出会い、滝乃川学園に就職して9名の自閉症児の担当になりました。石井哲夫先生に出会うまでは、彼らが自閉症だと思ってもいませんでした。そもそも自閉症の存在さえ知りませんでした。

コミュニケーションがうまく取れなかったり、独特の行動や行動障害のために自閉症を毛嫌いしたり、異邦人とか、異文化という人もいます。

表面的な彼らの行動ではなく、彼らと付き合い彼らの内面に秘めた素朴でひたむきな心情を知ると心休まり、温かい気持ちになります。自閉症の魅力にとりつかれて共に半世紀を過ごし天職になりました。

自閉症については多くの人が様々な理論や方法論を提唱し、当事者や支援者の実体験を綴った本も数多く出版されています。

幸い恩師に恵まれ、一麦寮の田村一二先生から「知的障害者には立派な役割がある」と障害福祉の心を学び、止揚学園の福井達雨先生から「身近な私たちこそが差別者であり、差別者として謝り続けなければならない」と自らが差別者であると教えられました。

滝乃川学園に児童指導員として勤務し、重い知的障害のある自閉症児から「ごく当たり前の暮らしを保障する」ことの大切さを教えられ、創立者の石井亮一先生の著作から「どのように素晴らしい理論であっても愛がなければ価値がない」「私の理論を金科玉条のごとく守るのは贔屓の引き倒しである」と支援者の基本姿勢を学びました。

滝乃川学園で労働組合を結成し、重症・重度児（者）問題研究会や

福祉施設労働組合連合会を創設する過程で知り合った中大路為広氏から、先入観から発達保障理論を批判したときに「本は読んだのか、内容を知りもしないで批判するのは良くない」と指摘され、これを契機に障害福祉関係書物を幅広く読むように心がけました。

中大路氏を通して、いち早く北欧のノーマライゼーションやインクルーシブ教育の最新情報を得ました。

環境や労働条件の改善、生活集団の小規模化、教育権の保障、生活見直し等様々な課題に取り組みましたが、支援に関しては支援者の価値観に基づいた指導・訓練や行動療法を応用した手立てしか持ち合わせていませんでした。

利用者の行動が支援者の思惑を外れた時、現在では虐待と見られても仕方のない行き過ぎた指導や訓練に頼らざるを得ない場面もあり、限界を感じていた時に石井哲夫先生の「受容的交流療法」にであいました。

自閉症児に一方的に変容を求めるのではなく、自閉症児の心情や行

動の背景にある理由の理解に努め、支援者が自らの姿勢や関わり方を検証し、関係性を通して支援するという関係性理論を知ったことでその後の人生に大きな影響を受けました。

滝乃川学園を退職することは全く考えていませんでしたが、最初に担当した自閉症児全員が滝乃川学園児童部を卒園したことを契機に、自閉症専門施設を創るという計画が天啓のように閃き、3年間の準備期間を経て、平成3年6月に大分県豊後大野市犬飼町に自閉症者施設「めぶき園」を開設しました。

30年が経過し自閉症支援や子育て支援について、理論的・実践的に現時点での方向性なり、あり方について一定の確信が持てるようになったことから、萌葱の郷の職員さらには自閉症支援や子育て支援に携わる人たちに「萌葱の郷メソッド」を伝えたいと思い拙文をつづりました。

最近は「エビデンス」のある、なしを問うことが多く、時として安易に他の理論や方法論を批判する場合に使われることがあります。知的障害児施設や自閉症者専門施設の現場で自閉症の人たちから多くのことを学びました。

「エビデンスは現場にある」と私は考えています。

利用者が成長し、行動障害が改善し、豊かで幸せな暮らしや人生を支援することが私たちの使命であり、経験や特定の療育方法に囚われない立場から不断の努力を重ねることにエビデンスがあると考えています。

目次

第1章

宿命的なであいから天命をえる

1 福祉の道を志す

人間の条件

子どもの頃は勉強嫌いでした。理由は面白くないことでしたが、今考えると暗記中心の詰め込み教育が性に合わなかったのだと思います。

本を読むと冒険や未知の世界にふれ心躍ることから、親から欲しいものはと聞かれると「本」と答えていました。

「トムソーヤの冒険」や「十五少年漂流記」等の少年少女文学全集を夢中になって読み漁りました。中学生になって、トルストイの「戦争と平和」や「アンナ・カレーニナ」、ビクトル・ユーゴーの「レ・ミゼラブル」等を読むようになりました。

最も大きな影響を受けたのは、五味川純平の「人間の條件」でした。

主人公の梶は満州で鉱山の労務管理に従事し、鉱山労働者の待遇を改善することで増産を達成しましたが、特殊工人（中国人捕虜）の処刑に反対し、危険人物とみなされ、拷問を受けたのちに招集され、ソ満国境の警備につきました。

ソ連軍との戦いで部隊は壊滅し、捕虜となりました。赤化教育に迎合する元上官の豹変ぶりが受け入れられず、対立することで、皮肉にも軍国主義者として目をつけられました。元上官を殺害して捕虜収容所を脱走し、シベリアの荒野に倒れる。というような物語ですが、梶の人間的で誠実な生き方にあこがれました。

古希を過ぎて時流に迎合せず、人に優しく誠実に生きてきただろうかと振り返ると数々の日和見と偽善がありました。人に優しく、誠実に生きることの難しさを痛感しています。

かつての大経営者の渋沢栄一氏や松下幸之助氏、土光敏夫氏には日本の未来や世のため人のためという経営哲学と矜持がありましたが、現在は「今が良ければ」「自分さえ良ければ」とひたすら「私利私欲」を追求する経営者やリーダーが多くなりました。

莫大な財産や社会的地位を得ようとも人を踏み台や犠牲にして得たとすれば、それは卑しい人生だと思います。どれだけ多額の金品を得てもあの世に持っていくことはできません。人生の価値はどれだけ社会や他者に貢献したかだと思います。

養父の教え

実父の病死が原因で、２歳半の頃に子どもの無かった養父母の養子になりました。２歳半と言えば物心つく頃なのに実父母のことは全く記憶になく、なんとなく予感はありましたが、養子だということを中学卒業直前まで知りませんでした。

養父に叱られると座敷から裸足で庭に逃げていましたが、一度も手をあげられたことはありませんでした。今、自分がそれなりの年になって振り返ると、養父は実子として育ててくれたのだと思います。

養父のことで強く印象に残っているのは「何をしてもいいが人様に迷惑をかけるようなことは絶対にしてはいけない」「渇して盗泉の水を飲まず（どんなに困っていても、不正には手を出さない）」の言葉です。

食事をする時は背筋を伸ばし、「お百姓さんに感謝してコメ一粒たりとも残してはいけない」「食後に横になると牛になる」といい、晩年の体調が悪い時を除いて、寝そべっている姿は一度も見たことがありませんでした。

中学の友達と遊ぶ金欲しさに養父の職場で草取りのアルバイトをさせてもらったことが

ありました。早く遊びたい一心でさっさと切り上げました。

貰ったアルバイト料は予想より少ないものでした。友達の手前もあり、「少しぐらいのお金は融通できる筈なのに」と少し恨みに思ったことがありましたが、大人になって、良い教育をしたのだと知りました。

小学校のプールで遊んでいる時に、私の不注意で一緒に遊んでいた子どもに大怪我をさせたことがありました。

当時の学校のプールは全く管理されていなかったために、いつでも子どもだけで勝手に遊ぶことができました。底が見えないぐらい大量の藻が発生し、誰が持ち込んだのか建築用の型枠等、様々なものが遊び道具としてプールに投げ込まれていました。

型枠を持ち上げて、下に子どもがいるのに気づかずに手を離してしまったために大怪我をさせてしまったのです。現在では考えられない事故ですが、当時はプールで水死することも珍しいことではありませんでした。

養父は被害者宅に謝罪に行き、かなりの医療費や慰謝料を支払ったようでしたが、この件に関して、私を非難したり、叱ることは一切ありませんでした。

昭和63年に自閉症者施設を創りたいと打ち明けたら「もう炬燵の番ぐらいしかできない」

と言いながら大変喜んで、活動費に使えとお金を渡してくれました。

養父は法人設立を見届けることなく、昭和63年11月に末期の胃癌により76歳で死去しました。もし生きていれば、養父がめぶき園開設を一番喜んでくれたと思います。

実母の愛

実母が亡くなって遺産相続について相談したいと、実兄から連絡がありました。兄からはこれまで一度も連絡はなく、会ったこともありませんでした。

実母については養父の弟が実兄と付き合いがあるらしく、紹介しようと言ってくれたことがありましたが、養父母を裏切るような気がして断りました。

兄は父親が亡くなり、母子家庭で苦労したこと、実母が晩年に病に倒れその介護をしたことなどの理由で、相続放棄をして欲しいということでした。実兄は3人いて、私のすぐ上の兄は造船所で働いている時の落下事故で若い頃に亡くなっていました。

遺産は僅かな金額であり、兄たちは、私が豊かな養父母の養子になって幸せに暮らしていたこと、施設の経営者だからお金に不自由していないと思ったことがその理由のようでした。私は有り金の全てを寄付し、施設を立ち上げた直後で、預金もなく、喉から手が出るほどお金が欲しい時でした。

確かに兄たちより経済的に恵まれていたかもしれませんし、養子に行ったことが福祉の道に進むきっかけになったことは間違いありませんが、もしその時に実母との暮らしと、養父母との豊かな暮らしを選択することができていたら、貧しくても実母と暮らす道を選んでいたに違いないと思います。私に選択の自由はなく、全ては天命です。

兄たちの話の中で、実母は私が「ひゅうまん運動」で街頭活動をしていた頃に何度も見に来ていたとのことでした。質素な身なりをしたご婦人が何度も1万円札をカンパしてくれたことがありました。あの人が実母だったのだと思いました。

「ひゅうまん運動」は何度もマスコミに取り上げられて、新聞報道やテレビのドキュメンタリー等として放映されました。実母は周囲の人に「あれは私の息子だ」と自慢していたそうです。

福祉の道一筋に生きてきた私を知ればきっと喜ぶに違いありませんし、私の知らない間にいくばくかの親孝行ができたのかもしれません。

天職とのであい

高校生になってＶＹＳというボランティア活動に参加したのが、福祉との出会いでした。中学生の頃はカメラマンになりたいと思っていましたが、実父が病死し、子どもが多く生活が苦しかったことから、一番幼かった私が子どものいなかった養父母のもとに養子に入ったことを高校受験直前に知ったことが福祉の道に進むきっかけになりました。

戸籍謄本を見ると、２歳半の頃に養子になったようですが、格子窓にしがみついて泣きながら母親の帰りを待っていたことぐらいしか記憶に残っていません。

２番目の孫がちょうど同じ年頃に母親が入院し、しばらく一緒に暮らしたことがありました。昼間は何事も無く普通に過ごしていましたが、夜毎、深夜に起き出しては、母親を探し求めて大泣きし、なだめても泣き止まず、家族全員疲れ果てたことがありました。

養父母から私は小さい頃、行儀のよい子だったと聞いていましたので、子どもながらに自分の置かれた立場を理解していたのだと思います。

幼児期の私は体が弱く、何度も高熱を出し、熱けいれんをおこしました。幼いなりに気を使っていたのが原因かもしれません。この運命が福祉を志すバックボーンとなり、自閉症児に出会い人生の大半を彼らと共に過ごすことで天職となりました。

ウソ泣き

父が国鉄職員で転勤が多かったため、小学校、中学校、高校と父の転勤に伴って何度も転校し、子どものころはいつも「よそ者」でした。

幼児期は毎年、スーツを着て、母親の趣味の手作りの人形を抱いて写真館で写真を撮りました。当時の子どもの水着は黒い三角の布に紐が付いただけの粗末な褌（ふんどし）が普通でしたが、私だけが海水パンツをはいていたのが嫌で褌にあこがれていました。

下着も母手作りの上下つなぎの下着を着せられていたため、着替える時などに女の子みたいだとからかわれましたが、母に言っても外国では普通だと言って取り合ってもらえませんでした。

缶蹴りやパッチン、ビー玉などで当時の子どもは暗くなるまで外で遊んでいましたが、夕方になると母が遠くで手を叩いて、私を呼び戻しに来るのもからかわれたり、仲間外れにされる原因になっていました。

国鉄の官舎に住んでいましたが、隣の官舎に障害のある子がいて、仲間外れ同士仲良くなってよく一緒に遊びました。パッチンやビー玉遊びをして毎回私が勝ちましたが、遊び終ると全部返しました。

当時は同じクラスに軽い障害のある子が何人かいた記憶があります。音読ができなかったり、テストで0点をとっていたようでしたが、よくみんなを笑わせてクラスの人気者でした。当時のいじめや喧嘩は今と違って陰湿ではなく、障害のある子はいじめない。泣くと終わりという暗黙のルールがありましたので、小学生の頃はいじめられたり、喧嘩になりそうなときはウソ泣きをしてやり過ごしました。

福祉の道へ

中学3年生の時に松山市内の三津浜中学に転校しました。私の同級生は中学校を卒業して就職する者が多く、受験勉強もせずに一緒に伝馬船を漕いで海水浴場に行ったり、賭けトランプをして毎日遊んでいました。遊びは受験の直前まで続きましたが、秋頃になって夜は一応受験勉強をするようになり、進学校へ合格しました。

高校2年次は学生ボランティア部の部長、応援団長、さらに写真部とクラブをかけもちし、地域の松山写友会（写真の同好会）にも所属し、多忙な日々を送っていました。

理系クラスでしたが、父が徳島県阿南市に転勤したことから、私も転校することになり、転校先の高校に理系クラスに空席がなかったことから文系に在籍することになりました。

3年次も級友を誘って知的障害児施設を訪問したり、釣りに行ったり呑気に過していました。そんなある日突然、天啓のように福祉の仕事につこうと思ったのは、ボランティア活動で養護施設や障害児施設等を訪問し、他人事とは思えなかったことと、人の役に立つ仕事をしたいと思ったからです。

その頃の私には「福祉＝恵まれない人」という発想しかなく、「恵まれない人」の理解者になるためには自分自身も少しは苦労しなければならないと考えて、大学の夜間部へ進学する道を選びました。

親から自立したい気持ちもありましたし、当時住んでいた官舎の庭先に自転車を置いて、働きながら夜学に通っている女子高生を父がえらく褒めていたことが印象に残っていて、働きながら学ぶことに憧れる気持ちもあって児童養護施設で働きながら日本福祉大学の二部に進学することにしました。

二部は学費が安いうえに福祉の現場で学びながら収入が得られることで、一石二鳥と思ったことも理由の一つでした。

当時は福祉の仕事に就くには福祉大学しかないと思い込んでいましたが、今思うと他にも選択の余地があったのも事実です。ただ、日本福祉大学の二部に進学したことで、当時熾烈を極めていた学生運動とは無縁な学生生活を送ることができました。

私の性格からすると在京の大学に進学していたら学生運動の渦に巻き込まれて全く違った人生になっていたかもしれません。

反骨精神

先生が敬語を使えと何度も言うので「先生が生徒を呼び捨てにしたり、命令口調じゃないか、まず先生が手本を示すべきだ」と言い返したことがありました。

全校集会の時の校長の訓話が延々と続くので、途中で手を叩いて止めたことがありました。担任から呼び出しを受けて、なんで手を叩いたのかと聞かれたので「長々と無駄な説教をしていたからもうやめて欲しいと思って手を叩きました」と正直に言ったら、少し笑いながらそれ以上は追及されませんでした。

次の集会で私の真似をした生徒がいました。彼は担任に呼び出されて「校長先生の話に感動したので手を叩きました」と言ったとのことでした。

私が進学した高校は男子丸刈りと校則で決められていましたので、当時は学区制で高校を選ぶことができませんでしたが、隣の校区の進学校は頭髪自由だったので、自由に高校を選べるようになれば、優秀な生徒は頭髪自由な学校に行くと主張して、全校生徒で投票しました。

当然のことながら頭髪自由の票が圧倒的に多く、学校側に頭髪自由にするように要望しましたが、「丸刈りは本校の伝統であり、頭髪自由にしたら、禁止されている場所に行ったり、不良行為をした時に本校の生徒か見分けがつかない」との理由で要求は拒否されました。

その後校区制が廃止され、最新の高校偏差値ランキングを見ると件の高校に遠く及ばないだけでなく、当時は下位だった高校にも抜かれ、いみじくも私の予想が的中しました。

「不良行為をした時に本校の生徒か見分けがつかない」という理由は生徒を信頼していない証であり、生徒を信頼しないでガキ扱いすることで、生徒のほうもガキらしく隠れて悪さをしていました。

2 共同生活体をめざして

知的障害児施設創設の夢

1970年代の頃は重い障害のある子どもは就学猶予、免除により学校に入れず、障害児施設が少なかったために多くの障害児が社会と断絶した生活を送らざるをえませんでした。日本で障害児施設を開設した多くの先覚者は障害児を社会から隔離するためではなく、教育や人権を保障する砦として障害児施設を開設しました。制度や経済的支援が無いなかで私財を投じ、浄財集めに奔走し、大変な苦労をして運営しました。

知的障害児の施設が不足していることや先駆的な施設の取り組みを知って、全国行脚をしながら、文集を販売してその利益を元に知的障害児施設を創ろうと思い立って、京都で知り合った松本君、鈴木君と私の3人で「ひゅうまん運動」を創設しました。

松本君は仏教大学の学生、鈴木君は日本料理店の板前でした。私が街頭で詩集を売っていたのを、鈴木君が声をかけてきて、彼の下宿に投宿したことから鈴木君と知り合いました。

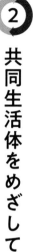

松本君とは生活費を稼ぐ為にキャバレーでボーイのアルバイトをして知り合いました。やがて3人で一緒に飲んでいるうちに、知的障害児施設を創るという私の夢に彼らが意気投合して「ひゅうまん運動」を創設しました。

女性のほうが売れるに違いないという不純な動機から、その頃知り合った「かよちゃん」とその友人の「なこちゃん」を仲間に引きずり込んで、梅田の地下街で詩文集「ひゅうまん」を販売しました。

大分での施設作りで、私は自宅を売却して手元に残った３０００万円を寄附して、めぶき園創設の基金としましたが、松本君によると、私はその頃から3という数字にこだわっていて、「文集が○部売れれば、３００万円になるので、施設が作れる」というような話をしたそうです。

聞いた彼らはすぐにでも実現できそうな気がしたようでしたが、実際は印刷代がかかるうえに、利益が上がるのは詩集が全部売れた上でのことでしたので（売れ残れば赤字になる）私の計画のようにうまくはいきませんでした。

タコ部屋生活

2年余の短い期間でしたが色々なことがありました。

生活費を稼ぐ為に廃品回収やみかん売り、化粧品や観葉植物の販売などをしました。高度経済成長期でしたのでどの仕事も儲かりました。むしろ詩集販売をやめて廃品回収や物品販売に集中した方が儲かったかもしれません。

私はがむしゃらに働く反面、自分を基準に他人を評価する傾向があって、みんなを叩き起こして仕事に駆り立てたり、他のメンバーの稼ぎが少ないと「私がこれだけ稼げるのだから」と責めました。私は熱中すると「周りが見えなくなる」「自分を基準にして周りを評価する」など、およそ福祉を志す者として相応しくない所がありました。

みかん売りは直接和歌山県まで仕入れに行きました。いつもは和歌山県の山里から規格外の安いみかんを仕入れていましたが、偶然本物の有田みかんを仕入れたことがありました。旧有田市内の狭い地域のみかんだけが本物の有田みかんと名乗ることを許されるのだそうで、後にも先にもその時に仕入れたみかん以上のおいしいみかんを食べたことがありません。「ほっぺ」が落ちるとはこういうことを言うのかと思いました。

このみかんは仕入れ値も売値も通常のみかんの倍ほどしましたが飛ぶように売れて、大きな利益をもたらしました。

観葉植物は名古屋の観葉植物専門の卸市場まで仕入れに行って、孫の代までもつなどと言って、叩き売りのような感じで販売しました。安いのでこれも良く売れましたが、やはり倍掛けか3倍掛けで売ったので、みかんの時と同じようによく儲かりました。

廃品回収も元手がかからないので、一人で1日、1万円位は稼げました。大卒の初任給が3万円程度の頃で、土地付きの一戸建てが300万円ぐらいで買えた時代ですから儲けの大きさを想像できると思います。

儲けが少なければ、サボっていたのではないかと責めるのですから、知的障害児施設を創るという目的を別にすると、たちの悪いタコ部屋と少しも変わらなかったと思います。

人生の無常

学生、会社員、保育士、労務者、浪人生、フーテンと様々な背景を持つ人たちが集まりました。実際の所、趣旨に賛同しさえすれば誰でも住人として迎え入れました。

狭い家で多くの若者が共同生活をし、貧しくみんな余裕が無かったのでトラブルが絶えませんでした。20代の未熟な赤の他人が密着して生活をしていたので、ほんの些細なことでも疑心暗鬼になったり、喧嘩になったりしました。

ある時、事務所のお金が無くなりました。釜ヶ崎（大阪の日雇い労働者の寄せ場）の住人で、時々ふらっと来てはしばらくいていなくなるナカマさん（仮名）の姿がありませんでした。

普通ならナカマさんが持ち逃げしたと思うところですが、住人の間ではクワタさん（仮名）がお金を盗って、ナカマさんに罪をかぶせる為に殺して埋めてしまったというような迷推理をする者まで現れました。

その少し前、松本君の幼友達のキタ君（仮名）が口論から出刃包丁を手にしてタカシ（仮名）と喧嘩になって、近くにいたナカマさんが止めに入って、腕を切られるという事件がありました。

私が間に入ってキタ君を説得し、包丁を取り上げた時には既に住人が警察に連絡し、階下で待機していた警察官がキタ君を逮捕しました。警察は仲間内のトラブルでもあるし、傷も浅いので事件にはしないから引き取りに来るようにということになりました。

実はこの時にナカマさんは喧嘩の当の本人のタカシは脅しただけで、釜ヶ崎の住人の自分には切りつけてきたという、自分に対する差別意識を感じたことによる怒りと慰謝料という気持ちもあってお金を盗ってしまったと後で聞きました。

「みんな怠けているので腹が立った」というキタ君の言い分も理解出来ましたし、反省もしていたので私は彼を元通り迎え入れても良いと思いましたが、他の住人は恐くて一緒には暮らせない。キタ君が戻ってくるのであれば、自分たちが出て行くという言い分でした。

私はキタ君を守るか、他の住人をとるか悩んだ末に、キタ君に出て行ってもらうことにしました。彼は当時付き合っていた女性と一緒に名古屋で暮らすことになりました。彼はその数ヶ月後、彼女の留守中に寝タバコが原因でアパートの一室で焼死しました。

誰もキタ君が焼死するとは予想もしていなかったわけで、明日の命は誰にもわからないという人生の無常を痛感しました。

理想と現実の間

そんなことがあってから、私と松本君を除く住人の殆どが出て行くことになりました。自分たちが受け入れなかったことで、結果としてキタ君が死んでしまったことに対してのやり切れない気持ちがあったのだと思います。

キタ君を切ることで、他の住人を引きとめたつもりでしたが、キタ君は非業の死をとげ、他の住人も失うという、思いもかけない結末になりました。

人との信頼関係や命を守ることとの厳しさを痛感しました。そんなことがあって、私も「ひゅうまん運動」を出て、現場（滝乃川学園）から出直すことにしました。

私は「かよちゃん」と正式に結婚し、長男が生まれました。子どもがいたのは私たちだけでしたので、私たち家族がアパートの３畳の１室を占有していること、ミルク代にお金がかかることなどに批判的な住人もいて、精神的にも経済的にも参っていました。

また、いわゆる一汁一菜、小遣い50円というような切り詰めた共同生活をしていましたので、共同生活に入る前の蓄えや実家から仕送りを受けられる者とそうでない者の間に経済的な格差がありました。そのこともお互いの間をギクシャクさせてしまう原因の一つでした。

理想と現実の間には大きなギャップがあることを知りました。

あらくさ建設

辛いことや悲しいこともありましたが、楽しいこともありました。

始めは知的障害児施設を作るつもりでしたが、施設は障害者を差別するものであり、障害のある人も無い人も共に暮らす共同生活体を目指そうということになりました。

大倉建設という新興の建設会社から近江舞子の別荘地の一角を寄附してもらい、自分たちで共同生活体「あらくさ」を建設することになり、松本君が大阪府枚方市の事務所に残って資金カンパと廃品回収や物品販売等の生活費稼ぎを続け、私の一家とフジタ君（仮名）やタカシが「あらくさ」で建設作業をすることになりました。

会員でブロック工のイワサキさんと大工のイキ君も参加し、クワとスコップで造成して、始めは型枠を打ちつけただけの掘建て小屋で暮らし、三畳ほどのバンガローを6棟建てました。バンガローを建ててからはバンガローで暮らしました。

バンガローは私の設計で、ベニヤ板を張り合わせて、カラートタンを葺いただけの粗末なものでした。隙間だらけで夏は涼しくて快適でしたが、冬は寒くてどうにもならない代物でした。

ブロック造りの建物を建てることになって、建て始めましたが素人の悲しさで基礎は曲がり、壁はゆがみ、大工のイキ君が内装に四苦八苦する代物でした。

トイレと風呂は私が作りましたが、トイレはどこかに亀裂があるらしく汚物が溜まらず、私がいた間は一度も汲み取りの必要が無い代物でした。風呂は地面を掘ってセメントを打って、タイルを貼りましたが、湯が少しずつ漏れるうえにすぐに冷めてしまいました。

このときの大工仕事の真似事はその後施設職員になった時に大いに役立ちました。

殆ど毎週のように会員がワークキャンプにきました。夏は舞子浜水泳場で泳ぎ、手づかみで魚を捕って、夜は鶏肉で焼肉大会をしました。お金はありませんでしたが自然が一杯あって毎日がキャンプのような生活でとても楽しい思い出になっています。

タカシは現金収入を得るために近くのレストランにアルバイトに行きました。

カレーに添える福神漬けのケースがゴキブリだらけなので、ケースを叩いて、ゴキブリが散った瞬間を狙いすましてスプーンで福神漬けをすくう話や生のサーモンにうじがわいていて、指先でうじを弾き飛ばしてからお客さんに出す話など、暫らくはレストランに行く気になれないようなことを面白おかしく話してくれました。

フジタ君はタクシーの運転手をやめて「あらくさ」に参加しました。園芸が趣味だったことからシクラメン栽培に取り組みました。病気で半分ぐらいはやられてしまい残ったのもあまり大きく育たず失敗しました。

次の年はシクラメンに見切りをつけてシイタケ栽培に取り組みました。建設会社から開発予定地に生えているクヌギの木を譲り受けて、チェンソーを持って山に入り、自分たちで切り倒してコマ打ちをしました。私は木が倒れる時にチェンソーが跳ねて膝を切り、今も傷跡が残っています。

シイタケ栽培は原木が無料で手に入ったこともあって、その後、「あらくさ」が解散するまで主要な収入源になりました。

九死に一生をえる

全国キャラバンと銘打って、家財道具一式をリヤカーに積み込んで日本中を旅して歩きました。元々私がキャンプや歩くことが好きだったことからリヤカーを引いて日本中を歩いて詩集を売って資金を稼ぎながら、啓蒙活動もしようという一石二鳥ならぬ、一石三鳥の計画でした。

2人が交替でリヤカーを引いて、高知市から松山市まで、一昼夜で一気に歩き通したこともありました。

ひゅうまん運動を始める前、夏休みに大学のある名古屋から京都、大阪を経て、淡路島に渡り、徳島、高知、宇和島、松山と四国を一周して実家のある高松に帰ったことがありました。

松山で2泊しましたが、最初の夜に道後公園のベンチで寝たところ、野良犬が近寄ってきたり、近くに動物園があったため、夜中に野生動物の咆哮が聞えて、とても恐い思いをしたことから、2泊目は松山市駅（私鉄）の待合室の奥のベンチで寝ていました。

夜中に息苦しくて目が覚めて、寝袋のジッパーを空けて外を見たら、周囲はすでに火の海でした。駅舎を飛び出した直後に建物が崩れ落ちました。既に夜が明けようとしていました。

正に九死に一生をえるとはこのことですが、駅員に見つからないように隅のほうで寝ていたために誰にも気付かれなかったのです。怖くなってその日のうちにヒッチハイクをして高松の実家に帰りました。

よく公園や駅のベンチで寝ましたので、浮浪者と仲良くなったり、間違われたりしました。気が付いたら荷物や有り金を盗まれ、無一文になって解体業者のタコ部屋に潜り込んだこともありました。

徒歩旅行をしていて忘れられない思い出は沢山ありますが、高知市で食べたピンク色の鯨肉の刺身と、太平洋の大海原を見ながら朝の定期便を排出した時の爽快感は格別でした。

全介助の入院体験

ボランティアの設計士と私とマエダ君（仮名）の３人で、軽自動車に乗って近江舞子の建設予定地を見に行った帰りに車が転落してあぜ道の擁壁に激突し、助手席に乗っていた私は腰椎を骨折して入院しました。

亀の甲羅のようなギブスに仰向けに寝かされて、40日間身動き一つできず、食事も排泄も全て介助してもらわなければなりませんでした。介助を受ける身になって、介助する側がどれほど親身になって介助しても、思い通りにならないもどかしさや腹立たしさを感じることを知りました。

手鏡で外の景色を眺めたり、自由に歩ける入院患者をうらやましく思ったりしました。

「車いすの生活になるかもしれないので覚悟しておいてください」と言われました。40日間の寝たきり生活で、はじめは自力で立つこともできませんでしたが、若かったからか順調に回復して何とか歩いて退院することができました。

医者からは無理をしないようにと注意され、その後時々腰が痛むことがありましたので、腰椎を骨折したのが原因だと思っていました。

事故から40年余経って整形外科に交通事故で腰椎を骨折したことがあると伝えたら、レントゲンを撮って、そういう痕跡はないと言われましたので、骨は長い年月の間に再生することを知りました。

この子らを世の光に

徒歩旅行をしながら知的障害児施設に立ち寄って勉強しようということで、いろいろな施設に立ち寄って暫らく居候をしました。アポなしで訪問するのですから随分迷惑な話だったと思いますが、当時の私はいつも相手の都合を考えたことはありませんでした。

糸賀一雄先生が創設した近江学園が知的障害福祉のメッカと呼ばれていましたので、アポなしで近江学園を訪問しました。当時主任指導員だった田中昌人氏が園内を案内して下さった後、しばらく実習（居候）をしたいと申し出たところ、君みたいな変わった人間を好きな人がいると紹介されたのが、一麦寮の田村一二先生でした。

入り口に一麦寮という字をくり抜いた看板がありました。

その看板を指差して、「イガラシくん。なんでくり抜いてあるかわかるか」と禅問答のような質問をして、私がポカーンとしていると、一麦寮は知的障害児施設だからくり抜いてあるというようなことを言いました。

「コップの中はなぜ空っぽかわかるか」と聞いて、首を捻っていると、「空っぽでなければ水を入れるという役を果たせないだろう、知的障害児は何も役に立っていないように見えて実は立派な役割がある」というようなことをおっしゃいました。糸賀先生の「この子らを世の光に」と同じ思想だと思います。

ボランティア活動がきっかけでこの世界に入って、「恵まれない人たち」の手助けをしたいと思っていた私にとっては正に青天の霹靂でした。

田村先生は、ドングリまなこで上から下までじろっと見下ろして、実習（居候）することを即決で許可してくれました。一麦寮はその後何度も訪れましたが、なぜか田村先生にとても気に入られて、自宅に招き入れられてお寿司をご馳走になったりしました。

実は私のほかにも居候の先輩がいて、その先輩は福祉を志しているわけではなく、絵描きの卵でスケッチブックに何枚も抽象的な鉛筆画を描いていました。

田村先生は絵描きとしても著名人で、先生が指導していた一麦寮の利用者の陶芸作品も注目され、東京のデパートで展覧会を開いたりしていました。中には居候から職員になった人もいました。そんなわけで、私も居候として迎えられたのです。

私は居候中に率先して肥汲みや皿洗いなど何でもしました。田村先生は「厨房の皿洗いまでしたのは君だけだ」と大変喜んで下さいました。

ある夜、職員が私のために集まって歓談したことがありました。部外者の私にはとても優しく魅力的に思えた田村先生や一麦寮でしたが、職員は田村先生に対する批判や職場への不満があることを知りました。

止揚学園

琵琶湖を挟んで「あらくさ」の対岸に止揚学園という、重い知的障害児の施設がありま す。クリスチャンの福井達雨先生が創立者で初代園長です。昭和42年創立なので、私が訪れたのは創立間もない頃です。

全国知的障害関係施設名簿をみると、現在も定員36名の小規模施設のままです。利用者の生活の質を大切にするという考え方から、福井先生は事業を拡大しないで、小規模施設を今日まで貫いたのだと思います。

福井先生は基準を超える職員の人件費や運営費を生み出す為に本を書いて、全国を講演行脚していました。代表作は「僕アホやない人間や」で、他に何冊も本を書いています。

福井先生の所へは、私よりも松本君がよく出入りしていました。私は設計士と「あらくさ」を視察に行った帰りに交通事故にあって、腰椎を骨折して入院し、40日間の寝たきり生活を余儀なくされ、退院後も腰の状態が万全ではなかった為に、後日先生が私に語った所では当時の君はとても具合悪そうに見えたとのことでした。

滝乃川学園で福井先生を講師にお招きして講演会を開いたことがありましたが、先生ご自身も過労でいつも具合が悪いとおっしゃっていました。予算がないので自宅で夕食に湯豆腐をお出ししたところ、体に優しいと喜んでくださいました。

差別者として謝り続ける

福井先生は「知的障害児の身近にいる私たちが一番の差別者であり、謝りつづけなければならない。重い障害のある子どもたちは命が短く、貴重な時間を無駄にしないために、今すぐ、激しく、差別と闘わなければならない」とおっしゃられて、重い知的障害児の就学権の保障を求めて、県庁前でハンガーストライキをしたり、全国キャラバン隊を編成して訴えるなど、当時としては、かなり過激と思われる行動をしていました。

クリスチャンとしての原罪思想が根底にあるのだと思いますが、私が滝乃川学園で組合を結成したり、全員就学有志の会を結成して、国立市や東京都と交渉したり、大分に来てからも障害児通園事業存続の危機に際し、署名を集めて厚生労働省に要望書を出したのは、福井先生の思想を糧に挫折しそうな自分自身を奮い立たせてきたからです。

第2章

知的障害児施設からの出直しを決意する

1 ごくあたりまえの生活をめざして

再出発

ひゅうまん運動から手を引いて、現場から出直そうと思って、田村先生にご相談したところ、先生いわく「関西では君は知られすぎているので、誰も雇わないだろうから、関東がいいだろう」ということになって、島田療育園と滝乃川学園を紹介してくれました。

島田療育園の指導員はデスクワークが中心で色々な勉強や研究ができそうだったので、そちらの方に興味がありましたが、島田療育園は運営方針をめぐって、当時の指導員が上層部と対立していて、指導員は雇わないという方針になっていたためにあまり芳しい返事ではありませんでした。後年、その当の指導員と知り合い組合活動や研究会を共にすることになりました。

同じ日に面接に行った滝乃川学園は即決で「明日からでも来てくれ」というような返事でしたので滝乃川学園に就職することにしました。

滝乃川学園の柴田園長が田村先生と一緒に働いていたことがあったために、滝乃川学園を紹介されました。柴田園長は私のことをたいそう信頼してくれて、重度棟の処遇改善に取り組んだ時も様々な面で応援してくれました。

創立者の石井亮一先生がクリスチャンだったことから滝乃川学園の敷地内に礼拝堂があり、柴田園長は聖公会のチャプレンを兼任していました。純粋で優しい人でしたが、施設の経営や運営には不向きな人でした。

田村先生と柴田園長に対しては心残りなことがあります。

田村先生が国立市に講演にお見えになられた時に、講演会には参加したのですが、多くの人に囲まれて歓談している田村先生を前にして、気後れしてご挨拶することが出来ず、その数年後に亡くなられました。

柴田園長に対しては、何かと目をかけて戴いたにも関わらず、組合を結成し、心ならずも心労をおかけすることになってしまいました。当時の私はお二人がお亡くなりになるとは露ほども思っていませんでした。

試験も見学もないまま就職

滝乃川学園本館の事務室で柴田園長と玉井主任指導員の面接を受けました。「田村一二先生の紹介であること」「福祉大出身であること」などを理由に「採用するからできるだけ早く来るように」と告げられました。私も園内の見学を希望しませんでしたし、彼らも何となく急いでいるようで、試験もなく、見学もしないまま就職が決まりました。

引越しの日、背が高く色白の青年が私の引越しを手伝ってくれました。私は職員だと思っていたのですが、後で彼から滝乃川学園の利用者であると告げられました。

彼は「ここに長くいると人間が駄目になる」「どうせ先生もすぐに辞めていくのだろう」と言いました。私は驚きましたが、後でその意味を痛いほど思い知ることになりました。

彼は私の持っていた本の中から、福井達雨先生の「僕アホやない人間だ」を貸して欲しいと言いました。数日して本を返しに来て、「日本は知的障害者に対してのひどい差別がありますね」という感想を私に告げました。

彼とは仲良くなって、他にも何冊かの本を貸し、その都度、感想を伝えてくれました。しかし、彼は「口先人間」と職員からはうとまれていました。

24時間拘束、13時間半勤務

私が就職した昭和46年当時、職員は住み込みが条件で、各寮とも定員が6~10名程度の小舎制がとられていたため、24時間拘束、朝の6時半から夜の8時までが勤務時間、宿直明けが公休などと、まともに休みをとることさえもできない時代でした。

給料も安く、私はすでに結婚して子どもがいましたので、国立市から生活保護の申請を勧められました。

若い職員が居付かず、私が勤め始めた前年には十数名の職員がほんの短期間で辞めていったと聞きました。就職した翌朝、出勤してこないので部屋を見に行くともぬけの空だったと言う嘘のような話も聞かされました。

職員が数人集まると自然といつ辞めようかという話になり、次々と職員が辞めました。ちょうど高度経済成長期で、就職先に困らない時代でしたから、若い職員にとって滝乃川学園に留まる理由はありませんでした。

私が18年間勤めることができたのは、自ら立ち上げた「ひゅうまん運動」を途中で投げ出す結果になったことから、ここでまた逃げるわけにはいかないという強い思いがあったからです。

座敷牢

昭和46年4月から滝乃川学園児童部に勤めることになって、配属されたのが、重度棟でした。重度棟は9名の重い知的障害を伴う自閉症児を、私を含めて4名の職員が担当していました。

重度棟は木造の20坪ほどの老朽家屋で、入口に鍵をかけ、部分的には二重の鍵を使って、寝るのも、食事をするのも、日中過ごすのも、子どもたちの生活の総てがその建物の中で行われていました。

重度棟に一歩踏み込むと、大便、小便、汗の織り交ざった異臭が鼻をつきました。しかも子どもが棟の外に飛び出してしまうために、夏でも窓を開放できず、熱気と異臭で息苦しく、いるだけで全身から汗が噴き出してくるほどで、冬は棟内に暖房機を置けないために、子どもたちが寝ている横で氷が張るほどでした。

畳をむしり取ったわら屑が、半日ほどで大きなポリバケツに一杯になり、畳は大便や小便が浸み込んで常にベトベトしていました。毎日3~4枚の窓ガラスが割られ、壁が剥ぎ取られ、天井板が破られていました。

着任した日には、天井裏が剥き出しで、窓にはベニヤ板が貼り付けられ、棟内は昼間でも薄暗い状態でした。

奥の1室に閉じ込められている子どもは、下半身裸で、顔や体、さらには壁に大便をなすりつけながら奇声をあげていました。目を移すと、別の子どもが他の子どもの傷口を引き裂き、あちらでは治りきらない傷口を自傷しているという状態でした。

毎日、数十回の大小便の失禁があり、5分も職員が目を離すと部屋中が大便だらけということも珍しくありませんでした。

便つぼの中に衣類や玩具を投げ込む子、それを部屋に引っ張り出してきて遊ぶ子、日中の殆どの時間を便所で過ごす子、天井裏を走りまわる子、少しの破れ目も、一寸した鍵のかけ忘れも見逃さずに飛び出してしまう子どもたち、真夜中に子どもが全員いなくなって大騒ぎすることもしばしばでした。

環境整備

建物の外に連れ出すと職員が手を離した途端に、蜘蛛の子を散らすように四方八方に走り去ってしまって、呼びかけにも全く応じませんでした。

私は手はじめに生活環境を整備して、子どもたちにとって少しでも安全で快適な環境にしたいと考えました。

まずは掃除や建物の修繕、布団干し等に取り組みました。畳とは名ばかりのわら屑を放り出し、五寸釘、タワシ、バケツ、雑巾を持って、床板につまった大便をほじくりだして掃除をし、パンチカーペットを張りました。窓枠に打ち付けられたベニヤ板を剥がしてパチンコ台用の厚いガラスを入れ、天井や壁にベニヤ板を貼りました。1日に何回も掃除をし、布団を干しました。

次に取り組んだのは、できるだけ多くの時間外出することでした。ひとりで9名の子どもを2グループに分けて、100メートルばかり離れた教室で遊んだり、近くの多摩川の河川敷まで散歩に行きました。

手を離すと、子どもたちは四方八方に走り去ってしまい、あの子が危ない、この子が川に入りそうだと、あっちに走り、こっちへ走りして連れ戻しながら散歩が終わるという状態でした。しかし、不思議なことに、散歩や教室にいる時は失禁も他害行為や自傷行為も少なく、生き生きしているように見えたのです。

宿泊訓練

遠足や宿泊訓練は一般棟とは別扱いでしたが、一般棟と一緒に行うように改めました。印象深い出来事は千葉県富津市での宿泊訓練でした。園内で職員をきりきり舞いさせていた子どもたちが予想できないほどの変わり様を見せました。テント生活にも関わらず、生き生きと目を輝かせ、失禁も少なく、他害行為や自傷行為もなく、事故もなく、日焼けして一段と逞しくなりました。いつも寝そべって唾遊びばかりしている子どもが、海に入って波と戯れて喜び、職員を叩いたり、つねったりして、海に入ることを要求し、殆ど感情を表すことの無かった子どもが、声を上げて喜んだり大きな変化を見せたのです。

このことから私は、子どもたちを固定的に捉えるのは間違っている。学園での子どもたちの姿は本当の姿ではない。子どもたちの生活の場を拡大し、ごくあたり前の生活の条件さえ保障すれば、子どもたちは変わると確信したのです。

何年目かの宿泊訓練で忘れられない思い出があります。声をかけても振り向かず、散り散りバラバラに好き勝手な方角に走っていた子どもたちが、夜の闇の中で、整然と私の後をついて歩くようになったのです。行動障害は環境や周囲の人の態度や関わり方にあると確信しました。

生活改善

宿泊訓練での体験から、それまで重度棟内でしていた食事を食堂で一般棟（中軽度棟）の子どもたちと一緒に食べる提案をしました。

毎日3回は必ず重度棟から出るようになったことで、落ち着きが見られるようになり、走りながらそこら中にバラバラと飯粒をこぼしながら食べ、職員が席に押さえつけても、手を離した瞬間には、もう走り出している状態から、どうやら席について食べるという状態に変わり、食事をしている雰囲気になりました。

重度棟の中ではなかなか変わらなかったのに、一般棟の子どもたちと一緒に食事をするようになって、短期間で劇的に変わったのは一般棟の子どもがモデルになったのだと思います。

その他にいくつかの細かい工夫もしました。

リネン室がなく、衣類が分類されないままに押入やタンスに詰め込まれていたのを、個人別の棚を作って分類しました。掃除しやすいように、畳をはがして、パンチカーペットを敷き詰めました。夏は窓枠に金網を張って、窓を開けられるようにしました。手の届かない場所に蚊取り線香を設置し、冬は吊り下げ式のガスストーブを天井に設置しました。押入の天井にやぐら炬燵のヒーターを取り付けて、天気の悪い日にも布団が干せるようにしました。

過酷な労働

これまで述べてきたことは、重度棟に勤務するようになって1年間の経過です。これだけのことを実行する上でも様々な犠牲がありました。1日13時間半、週末には16時間も休憩なしで働いて、極度の過労で、何人かの職員が安定剤を常用し、体調を壊して離職せざるをえない者もいました。

ひとりが病気になると、子どもも職員もバタバタと倒れてしまいました。39度、40度の発熱で立っていられなくならないと休めませんでした。私自身、千葉県富津市の宿泊訓練で2泊3日の間、昼間は海に入り、夜は殆ど一睡もできなかったため、子どもたちを重度棟に送り届けた後、疲労と高熱で自室の入口で倒れて、2日間昏睡状態ということもありました。

重度棟の同僚だった中村（旧姓井出）さんが、自閉症者施設を開設したことを大変喜んでくれて、大分まで見学に訪れ多額の寄付をしてくれました。

パンツをはく

私が滝乃川学園に就職した昭和46年当時は、障害の軽い一部の子ども以外は就学猶予や免除を受けていて、児童指導員が「みなし教育」としてクラス指導を担当していました。

重度棟の9名の子どもを私が担当していましたが、障害の軽いクラスほど、職員配置が厚く、障害の重い子どもたちのクラスほど職員配置が薄いクラス編成がされていました。

この職員配置の意味は、どうやら障害の重い子どもは教育し、手をかけても効果が上がらないという考え方らしく、上司に何度も改善を申し入れましたが、その都度、ものには順序があるとか、君は入ってすぐなのに生意気だとか、気に食わなければ辞めればいいなどと言われ、あげくのはてには「重度の子どもに教育して何の意味がある。君はやりすぎだ。最低限のことだけやっていればいいんだ」というようなことを言われました。

私は、重度棟での1年間の取り組みから、障害の重い子どもたちにとって、生活を豊かにすることの重要性を訴え、昭和47年度からは同じ土俵で考えられるようになりました。つまり、障害の重い子どもは、子ども3名に対して、職員1名の職員配置になりました。

その結果、9名の子どもを3名の職員で引率できるようになり、散歩が毎日取り入れられるなど、様々な学習の条件が一歩前進しました。2~3歩歩いては転んでいた子どもが長時間歩けるようになり、失禁が減り、排泄が自立し、食事や着脱衣などのADL（日常生活動作）が大きく向上しました。

ADLに関しては象徴的な出来事がありました。職員がまるでマネキン人形のように衣服を着せていた子どもの足元にパンツを置いたまま、他のことをしていた隙に、自分でパンツをはいたことがあったのです。

この子がパンツをはけるとは職員の誰も思っていませんでした。スモールステップの訓練も行っていませんでした。生活体験が豊富になることで、子ども自身が発達したことによるものだと思います。

施錠撤廃

昭和47年9月に新重度棟が完成しました。東京都加算で職員が増員され、労働条件も改善され、職員の定着率も良くなり、以前に比べて一貫した取り組みができるようになり、子どもたちを棟内に閉じ込めなければならないことも少なくなりました。

何とかして施錠を撤廃したいと考えた私は一計を案じて、物陰に隠れて重度棟から出ようとする寸前に声をかけて止めるという取り組みをしました。その結果、数ヶ月で施錠を撤廃することができました。

この取り組みを思いついた背景には少しばかり、行動療法の知識があったこともありましたが、何よりもできるだけ外出し、招待や行事にも必ず参加するようにしたことで、重度棟の中に閉じ込められている生活から解放されたことや子どもと職員の信頼関係が育ったからだと思っています。

今でも施錠している施設がありますが、施錠は利用者のためではなく、管理上の都合であって生活の質を向上することと、工夫により施錠の必要がなくなると考えています。つまり施錠は職員の課題だと思っています。

クラス運営の取り組み

障害の重い子どもに手厚い職員配置を実現しましたが、聞きかじりの専門知識で、クラス編成を能力別編成の専科制にしました。その結果、言語治療とか、遊戯療法とか、音楽療法と、立派な名前をつけてみましたが、知識も経験もない職員が、言葉のない子どもばかり集めてどうしてよいかわからず、毎日散歩する結果になりました。言い訳になりますが、散歩は子どもたちに大きな成長や変化をもたらしました。

能力別編成のために障害の重い子どもたちと、障害の軽い子どもたちとの溝が埋まらず、障害の軽い子どもが障害の重い子どもに「汚い、あっちに行け」というような状況は変わりませんでした。

こうした反省点を踏まえて、昭和48年度には能力別のクラス編成をやめて、2クラスと年長児の作業班を編成しました。この年度は新たな取り組みが試され、生き生きとした実践が展開され、充実したものになりました。

例をあげると毎月1回園外学習と称して、羽田空港や東京タワーに行ったり、毎週2回全体指導と称して、ゲーム大会、小運動会、ドッジボールでの野球大会をしたり、ホットケーキを焼いたりしました。

こうした実践を重ねて重度棟での処遇を廃止し、生活棟の重・中・軽度混合編成に踏み切りました。こうした取り組みの中で、飛び出しや弄便、他害行為、自傷行為等が見られなくなり、落ち着いて様々な活動に取り組み、生き生きと暮らせるようになりました。

重度棟で学んだこと

私は重度棟で重い知的障害を伴う自閉症児と出会ったことで、多くのことを学びました。目を覆うような行動障害を目の当たりにして、当初は「あれをしては駄目、これも駄目」

と叱ってばかりいました。能力別クラス編成を取り入れて、○○治療や○○療法などと専科制を敷いて、見事に失敗しました。

試行錯誤の中から「あれをしては駄目、これも駄目」「この子は問題児だ」という前に、施設に子どもたちが生活していくごく基本的なあたり前の条件が満たされているのだろうかということに気づいたのです。

子どもたちを狭い汚い部屋に押し込めておいて、○○治療、○○訓練をして、一体どんな意味があるのか、子どもたちの日々の暮らしの条件、子どもたちを取り巻く状況を変えてこそ、子どもたちが生き生きと育っていくのではないか。

私たちにとって一番大事なことは難解な理論を並べ立てて、○○治療や○○訓練をすることではなく、ごく当たり前の暮らしを保障していくことではないだろうか。

このことを具体的に進めるために、現場の職員の意向が反映しやすいように機構改革を行い、生活寮で自由に使えるお金の枠を設けたり、買い物や外出が自由にできるように生活見直しに取り組みました。

『今後は、子どもたちの集団が大きすぎて、一人ひとりの子どもの存在が無視されるという状況を改めて、子どもの集団規模を縮小し、一人ひとりの子どもが大切にされ、生活そのものから、地域社会に溶け込んでいけるようにしていかなければならない。これまで施設は「収容」という側面でのみ捉えられがちだったが、子どもたちが日々生活する場だという基本にたちかえって、施設のあり方をもう一度見直す時期ではないだろうか』と当時の論文に記載しています。

組合結成

何とかしなくてはいけないという思いから、夜な夜な若い職員が集まっているうちに、労働組合を作ろうという話になりました。殆どの職員が学校を卒業したばかりの若者でしたので、組合活動の経験は皆無でしたが組合を作るという目的を共有していることから、みんな辞めずに踏みとどまっていました。

勤務が終わる午後8時以降に連日のごとく会合を持ちました。結束が固く、組合結成を通告するまで、組合結成の動きが外部に漏れることはありませんでした。

私は職員が一生の仕事として誇りをもって働ける職場にしなければ、利用者の幸せもないと考えていました。ですから労働組合としては珍しく「生活見直し」いまでいうノーマライゼーションの取り組みや「全員就学」などに力を入れました。

当初、職員間に不協和音はあったものの、最終的には8割を超える職員が組合に結集しました。

組合が結成されたことで、長時間労働は一応解消されました。一応と言うのは、建前は8時間労働ということになったものの、職員が増えたわけではないので、相変わらずサービス残業は無くなりませんでした。しかし、仕事があっても無くても勤務しなければならないのと、自らの意思で残っているのでは全然違いました。用事がある時は勤務を上がることもできるようになったのです。

あまりにも完璧に情報が漏れなかったために、組合結成に参加した職員と知らされなかった職員の間に溝ができました。

組合を結成しようと頑張っていた時は、秘密結社のようなわくわく感や、組合が結成されれば何もかもが一挙に解決するかのような錯覚がありましたが、いざ組合が結成されてみると、これからの方が何倍も大変だということを知りました。

そのことが原因で1～2年のうちに組合結成時の中心的なメンバーの多くが職場を去りました。

僕も学校に行きたいよ

小学校の校庭の近くを散歩していた時に、ある子どもの「僕も学校へ行きたいよ」という素朴な「つぶやき」がありました。

6歳になったら学校へ行くという、ごくあたり前の事が「障害児である」「施設の子どもである」ために保障されていないことから、「施設という、閉鎖された空間の中での施設化された生活の限界」を痛感していた私たちは、「子どもたちを地域の学校へ送り出していこう」と数名の職員が呼びかけて、昭和48年2月に全員就学を進める有志の会を発足させました。

昭和48年度の就学に向けて、署名活動やビラ配布等を行って、国立市教育委員会と交渉しました。「身辺処理が未自立な子どもは教育の対象ではない」「話はわかるが予算がない」等と言われましたが、「原則として地域の学校へ通学させる。とりあえず、既存の障害児学級と、障害児学級の新設によって、12名の子どもを受け入れる」という点で合意し、昭和48年4月から、重い知的障害の子どもを含む12名の子どもたちが新たに学校に通うようになりました。

全員就学

昭和49年に国に先駆けて東京都が「希望者全員就学」の方針を打ち出しました。しかし、スローガンを打ち出したものの、具体策が無かったために、前年にはそれなりに理解と誠意を見せていた市教委も「都の方針待ち」等と、当事者能力をもってことの解決にあたろうとする姿勢が見られなくなりました。

粘り強く交渉を重ねた結果、最終的には、養護学校、訪問学級への措置によって、一応学齢児全員の就学権が与えられました。

養護学校、訪問学級への措置については、職員の間でも議論になりました。特に訪問学級については「今まで施設職員がクラスを編成して、指導してきたのと本質的に変わらない。私たちが求めてきたのは、単なる就学権ではなく、学校という教育の場そのものだったはずだ」という意見と「例え、養護学校、訪問学級であっても、教育を受けられる機会を逃してはいけない。その中から今後の運動を展開していこう」という意見にわかれました。

その後の市教委との交渉で、今後、地域の学校への就学を図ることによって、訪問学級を発展的に解消するという合意に達しました。しかし、昭和50年、51年と訪問学級は解消されないばかりか、目途も立たないままに廃級にしようとしたり、通学に片道2時間もかかる養護学校に措置しようとしたり、担任教師全員が1年で交代するというような事態が次々と発生しました。

昭和50年度の就学をめぐって、国立市教育委員会は、「施設に収容されている子どもが学校に入ることは二重措置だ」とか、「施設の職員に何か言われても、聞き流せばよい」とか、「教育には限界があり、身辺処理が未自立な者や、虚弱の者、てんかん発作のある者等は教育の対象にならない」等の発言を繰り返しました。

結局、授業がひと月あまりストップするという異常事態を招き、最終的には、訪問学級を継続することで落ち着きました。しかも市内の障害児学級に措置しうる状況にあるにも関わらず、教員確保の員数合わせのために訪問学級に措置するというおまけ付きだったのです。

学区の学校

昭和52年度は市議会議員や市教委に事前に根回しをして、全員が地域の障害児学級に入ることで決着しました。有志の会内部には、原則論の立場から根回しすること自体に反対の意見もあったことから、根回しした私に対してボス交渉だとの反発もありました。

その後は進学や新入園児の入級に対して、市教委が一定の配慮を示すようになりました。さらにこの取り組みをきっかけとして、関係学校の教師との情報交換会や懇親会を持つことで、教師と施設職員との連携・協力体制ができました。

私たちは、この取り組みの中で「学区の学校」にこだわり続けました。そのことについては、いくつかの理由がありますが「どの子もその子の地域社会の中で、ごく当たり前のこととして、教育の場が保障されるべきだ」という原則論と、私たちが施設内の日中指導という形で、長年にわたって教育権の肩代わりをしてきたこと。これまで学校教育の場は、障害の重い子どもを受け入れた経験がなく、障害の重い子どもの教育については、私たちに1日の長があるという自負もあったと思います。

部長職廃止

昭和49年滝乃川学園に部長職が置かれるようになりました。H氏が部長職の必要性を訴えて、自ら部長職についたという噂が職員の間に流れ、H氏に対して、職員の間に強い不信感と反発が生まれました。

結局、部長職を公選制にすべきだという結論に達して、団体交渉をした結果、園長の意向で部長職そのものを廃止することになりました。

この結果に基づいて委員会制度を発足させました。

事業計画や全体的な課題や問題を検討する最高意思決定機関としての職員会議、個々の子どもの処遇上の課題や問題を検討するケース会議、生活寮での計画や課題について検討する寮会議、過齢児の作業計画等を検討する作業班会議、さらに課題別に話し合い実行する機関として、5つの専門委員会（学校委員会、対外委員会、行事委員会、広報誌編集委員会、運動場整備委員会）があり、学園祭や市民祭といった大きな行事については、その都度実行委員会を編成して取り組みました。

全員一致を原則とした為に会議に時間がかかることや様々な要求や不満が経営者ではなく組合に寄せられるという珍現象もありました。

当時の組合の中心的な役割を担った職員の多くが、後年、理事長や施設長等の責任ある立場になったことから職員の主体性と責任感は育ったと思っています。

施設生活の見直し

予算の執行を子どもたちの生活に即して行うために、教育費、日常諸費、被服費、生活指導訓練費、間食費、職員出張旅費等の全額、もしくは一部を各生活寮や作業班の自主的運営に委ねました。

生活寮、作業班、あるいはグループや個人での行事や外出、買い物等が予算の範囲内で、現場が裁量できるようになりました。さらに生活寮や作業班の備品等についても、予算の範囲内で現場の裁量で購入できるようにしました。

私たちは施設の生活の見直しを進めて、訓練や指導の先行を改めて、ごくあたり前の普通の暮らしの実現を目指して、生活の一コマ一コマを点検しました。

男性職員が少ないことから、女性職員による男性利用者の入浴介助が行われていました。中学生以上の男性利用者に対しての女性職員による入浴介助は異常との見地から、男性職員が行うことにしました。毎日入浴を実施しましたので、当初は男性職員への負担が重く大変でした。

その結果、徐々に男性職員が増えることになりました。また同様に通路等の人目につく場所での着替え等も控えて、着替えやトイレ介助も可能な限り同性職員が行うようにしました。

各生活寮を改造して、台所と食堂を設置し、各生活寮単位でセトモノの食器を使って家庭的な団欒の雰囲気を醸し出すように工夫しました。このように生活を優先させることで、暮らし全般に余裕が生まれ、時間やスケジュールに追われることが少なくなりました。

これらのことを実現するために、90名の定員に対して、入園児の現員を50名程度に抑えました。当時は定員に対して、措置費が支給されていたためと、全員就学によって児童の入所希望が減少していたことからこのような取り組みが可能だったわけです。できない理由をあげるのではなく、少々の困難があっても挑戦することでしか道は開けないと思っています。

ごくあたりまえの生活

生活見直しの取り組みの中で、私たちが学んだのは、施設にこの子どもたちが生活していくごくあたり前の条件が満たされているのだろうか、むしろこの子たちを理解し、受け入れようとしない社会に問題があるのではないだろうかということでした。当時の論文に次のように書いています。

『結局のところ、今の施設は、子どもたちの社会化と称して、施設化を図っているに過ぎないのではないだろうかと思わざるを得ない。

子どもたちを「知的障害がある」「判断力が弱い」と決めつけてしまって、全部職員側でお膳立てをしてしまう。言いかえれば、判断しなくてすむように次から次へと一方的にスケジュールを押し付けてしまう。そんな中では子どもたちは無気力化し、主体的に何かをしようという気持ちを摘み取ってしまい、職員の指示や命令に対して従順であることが良い子どもになってしまう。子どもたちにとって施設は生活の場である。施設をごくあたり前の生活の場に変革していくことが重要ではないだろうか。

施設は最終的には子どもたちの生活の場として適切ではないかも知れないが、現在の状況の中では、家庭的にハンディを持った子どもや、重い障害児にとっては、施設は必要であろう。

必要である以上、施設のあり方は重要な問題にもなってくるのである。そういう意味で、小規模化して非分類で必要数の施設を街の中に造っていく必要があると思う。さらに経営についての責任は、市町村レベルで持つべきではないだろうか。広域施設というあり方はどうしても親、兄弟、地域から子どもを遠ざけてしまう。

就学年齢の者はそこから地域の学校に通う。就学年齢が過ぎれば、いろいろな職場に通う。親が来たい時には、仕事が終わってから一寸寄っていける。いつでも家に帰ることができる。そんな事が重要だと思う。

施設に生活・医療・教育等総ての機能を自己完結的に持ち込むのではなく、地域に求めることが必要だと思う。

「福祉」「福祉」と叫ばれて久しいが、未だに日本には連帯に根ざした「福祉」の思想が確立していないと言うべきであろう』

ここに書いたことは当時としては過激だとも言われましたが、現在ではあたり前になっています。

公私格差是正

東京都が美濃部都政になって、東京都の単独事業で公私格差是正事業が行われ、職員配置や職員処遇が改善され、労働条件が飛躍的に良くなりました。

労働条件が良くなったことで、職員にとっては働きやすくなって、職員の応募者が増え、離職者も少なくなりましたが、利用者の生活や福祉を向上させるために様々な提案をすると「労働組合の委員長をしていた人が労働強化になるようなことを言うのか」などと批判されるようになって、私自身は徐々に組合活動に対しての情熱を失いました。

劣悪な労働条件が大幅に改善されて職員の定着率が向上しましたが、職員の意識はなかなか変わりませんでした。

巨額の財政赤字の中で、職員の非正規化が進められ、若い人たちがなかなか正規職員になれず、結婚できない、安心して子どもを産み育てられない冬の時代に逆戻りしないことを切に願っています。

「誰もが地域で安心して暮らせる社会」の理念のもとにグループホームが知的障害者の主要な生活の場になろうとしていますが、過酷な労働条件に逆戻りするのではないかという悪夢が頭をよぎります。

一般棟の子どものこと

私は重度棟の自閉症児を担当することになりましたが、一般棟（中軽度棟）の子どもに関しては様々な思い出があります。ある子どもは筋骨逞しく柔道2段の職員と相撲をとって、職員を土俵外へ投げ飛ばしました。（滝乃川学園には相撲場があり、毎年相撲大会が開かれていた）

利用児の軟式野球部をつくって、よく対外試合をしましたが、養護施設の障害のない子どもたちのチームに勝利することもあり、職員チームとの練習試合でも油断すると職員が負けることもありました。余談ですが職員の軟式野球チームもあり、私も下手くそながらファーストかサードを守っていました。

当時の滝乃川学園には最重度の知的障害を伴う自閉症児から、知的障害があるとは思えない子どもまでいました。彼らの殆どは中学卒業と同時に就職して巣立っていきました。自衛隊に入隊し大型自動車の免許を取って、結婚してメンテナンスの会社を設立し、奥さんの故郷が熊本だったことから、後年、奥さんと一緒にめぶき園を訪ねてくれた卒園児もいました。彼は私が施設を立ち上げたことを大変喜んでくれました。

恥ずかしい話ですが、家族で休日に出かけることにしていて、たまたまある子どもに一緒に行こうと誘って、園内の宿舎まで一緒に来て、私が妻に告げたところ、事前に相談していなかったことから、妻が少しケゲンな顔をしたのを彼は敏感に感じとって、彼の方から適当な言い訳をして誘いを断ったことがありました。

お盆休みに帰省先のない子どもを一緒に実家に連れて帰ったり、仕事が終わってから職員と子どもたちとボウリング場にも行きました。いつもボウリング場に一緒に行っていた子どもの中にはアベレージが150台で、たまに200アップする子もいました。彼は運動神経が抜群で、野球部のピッチャーで、スペシャルオリンピックのボウリングの日本代表になってアメリカの世界大会に参加して金メダルをとりました。当時は住み込みだったこともあって、良くも悪くも公私の境目がありませんでした。

卒園児がお盆やお正月に滝乃川学園に集まって同窓会（桜会）を開くようになりました。家庭環境などの理由で入所していた子どもたちにとっては、滝乃川学園が実家であり、故郷だったのです。

2 受容的交流療法を再評価する

自閉症児治療教育実践講座

袖ヶ浦のびろ学園で開催された「自閉症児治療教育実践講座」で初めて石井哲夫先生の「受容的交流療法」に出会いました。手元に当時の研修報告があります。研修日程は2月1日から3日となっていますが、残念ながら年度が記入されていないため、正確な年度はわかりませんが、確か昭和59年頃だったと記憶しています。

私は研修報告の「はじめに」に次のように記載しています。

『私は研修会が終了し、報告を書かなければならない段になって、このことが実は容易でないことに気づいた。すなわち、研修内容と私自身のこれまでの体験なり、実践なりを照らしあわせながら、再吟味することが必要だと思われたのである。

この研修会は私が悩み続けてきた実践上での迷いというか、壁に対して一定の方向づけを与えるものであったといえる。不充分ではあるが、現段階において私自身が理解しえた範囲内で報告をまとめ、今後の実践と研鑽の中でより明確にしていきたいと考えている。
～以下略～』

研修報告書を書くにあたって、石井先生の著書を買い求めて、むさぼるように読み、B5判の研修報告書に手書きで22ページという、当時の私としては破格の長文の研修報告を書きました。施設長が少し自慢したい気持ちもあったのか、私の研修報告書を石井先生に届けたことから、石井先生の目にとまって先生との交流が始まりました。

石井先生の私に対する扱いは破格のものでした。ひかりの学園の施設長だった森本氏が菓子折りを携えて私を訪ねてきました。何年か後に森本氏は自閉症児の親たちが資金を出し合って開設した自閉症者専門施設「みずほ学園」の施設長に転任しましたが、その後、病を得て亡くなられました。

森本氏は長く私の方が年上だと思い込んでいたらしく、その後、酒を酌み交わす間柄になって、私が年下だということを知って、それまでは私のことを「先生」と呼んでいましたが「イガラシ」と呼び捨てにするように態度が豹変し、その代わり酒代をおごってくれたりしました。

受容的交流療法における専門性

受容的交流療法というと技術論のようですが、私は障害のあるなしにかかわらず、人間の価値は全く同等であるという、人間価値観に立脚した原理原則論であると見るべきだと思います。

「自閉症児への指導実践」という最初のプログラムの中で、なかば唐突に「指導して下さい」と言われて、私は戸惑いと率直なところ、疑問や少々反感すら持ちました。すなわち、研修会と称しながら、まだ何を講義したわけでも、実演して見せた訳でもなく、貴重な時間を割いて、利用者を実験台にして「指導して下さい」というのですから、この研修会の中でこのことがどのような意味と位置づけをもっているのか皆目わかりませんでした。

この疑問や反感は石井先生の実演や講義を経る中でやがて氷解しました。石井先生は2名の子どもに対して、受容的交流療法を実演して見せました。石井先生自身、1名の子どもと接するのは初めてであり、もう1名の子どもは2回目とのことでした。

石井先生は短時間のうちに子どもとの間に受容的関係を築き、交流し、即興的に課題を設定し、方向づけました。技術的にも優れたものであり、単に学者としてではなく、臨床的にも充分な経験や修練を積んでいることが未熟な私にもすぐに分かりました。

生育歴を見たからといって、子どもを何年か見てきたからといって、その子のことを理解していることにはなりません。子どもが私たちの意図や計画通りに動いてくれるとも限らないし、むしろ私たちの意図や計画とは違った動きをするのが常です。

子どもの心を読み取り、受容し、即興的にこちらの取るべき態度や役割を判断し、課題を設定して方向づけをしていくことは、深い人間愛や専門性に裏付けられた長年の経験と修練がなければできません。まさにそうした即興性こそが実践の中でしばしば求められるのです。

私はここに2年や3年では決してプロの施設職員たりえない専門性の根拠を見ました。私たち施設職員が石井先生によって具現された修練を自らに課していったとき、はじめて真の専門家集団が形成されるのではないか。青天の霹靂とはこのことです。

受容とは

研修会場では「現場ではそんなことはやっていられない」ということがしばしば話題になりました。それはあまりにも受容的交流療法を治療室における個別治療という側面から狭く捉えすぎているのではないでしょうか。

『受容とはクライエントへの深い共感と理解をめざし、かつその人生の価値をひたすらクライエントの発達・成長の道筋からとらえていこうという態度である。（中略）クライエントの情緒や認知を認めながらゆるやかに「気づかせ」「わからせていく」という治療教育の基盤は、受容的交流によって得られると考えられるのである。（中略）いかなる治療法もクライエントの福祉にそむくことは許されるべきではない』（石井哲夫・実践障害児教育誌・学研刊）

『例えば重度の身体障害の人を介助する場合、はじめは自分にとって異様にうつり、時には嫌悪感すら抱くこともあるであろう。それが接していくことで段々と薄れていく（中略）つまり異質感を取り除くということではなかろうか。存在そのものを受容しなければ取り組みは起きないのである。この点で受容とは慣れること、そしてわかることであるといえるであろう。わかるという意味は子どもが表現していることを読みとることである。この読みとりというのが大変難しく、常識ではないような読みとりまでが必要になってくる』（石井哲夫・自閉症児の交流療法・東京書籍）

私は受容の意味が前記の文章にわかりやすく、端的に表現されていると思います。つまり、食事や着脱衣といった日常の生活の一コマ一コマの中で、たとえ多忙だとしても、子どもたちがどれほど多くの「問題行動」を呈したとしても、私たちがそうした人間観と態度を持つことによって、受容は可能であり、どこまで持ちこたえうるかが、私たちの修練の深さと専門性にかかわってくるのです。

受容から交流へ

受容的交流療法は、体罰や意味もなく、あるいは感情的に叱ることを否定しますが、そのことは単なる「甘やかし」を容認したり、傍観することではありません。

『単にクライエントへの同情のあまり、全面的に許容するのではなく、あくまでも社会人としてセラピストとしての立場を持っている。ただ、今何を要求しても、過酷な不適応を助長するだけであることに気づいているから、状況を変えたり、あるいはクライエントの心境の変化を待ったりしながら、優しくかわいがり、楽しく遊ぶという情緒的交流や生活の流れに沿った簡単な要求の交換などの課題を実施することを始めていく』（石井哲夫・実践障害児教育誌・学研刊）

「こうあるべきだ」という私たちの側からの規範を性急に押し付けるのではなく、子どもの現状への深い理解と共感の上にたって、少しずつ課題を設定し、方向づけをしていくのです。

受容的交流療法と行動療法

『行動療法においては、行動を改善するために、子どもにほうびを与えたり、叱ったりする。そこでは人間関係は対等ではない。ほうびを与える自由は与える側にあって、得る側にはない。つまり圧力を加える人間関係なのである。賞罰による人間関係のもとで発達はないとは言い切れない。しかし、賞罰を与える場合は必ずそこに前提として、子どもの自発的行動を損なわないようにすべきであろう』

『いわゆる行動療法的しつけとか、スパルタ的教育法によって、ちょっと見たところでは良くなったような感じを与えるように行動が変わるものもある。ではその子どもたちがどう発達してきたのかということになると説明がつけられていないのである。行動が変わるということだけで発達したとはいえないのであって、発達は人間が自ら認知を広げ、興味を広げ、自発的選択を増やすことから行われているのである』（石井哲夫・自閉症児の交流療法・東京書籍）

すなわち行動療法やスパルタ的教育法によっても子どもは変わりますが、受容的交流療法では「変わる」ことだけを目標にするのではなく、子どもの内面の発達に目を向け、一人の同等の価値を持つ人間として接し、「子どもの福祉」に反したり、抑圧的な方法で子どもを変えようとしないのです。

受容的交流療法の普遍性

さて、受容的交流療法は単に自閉症児においてのみ有効でしょうか、人間価値観であり、原理原則論であり、利用者、一人ひとりとの関係のみならず、親子関係、夫婦関係、同僚や友人関係においてさえも有効かつ貴重な考え方です。

私は利用者への支援のあり方の見直しだけでなく、家族に対しても自己中心的に接し、妻や長男の気持ちに考えが及んでいなかったことに気づかされました。

現代における様々な問題をこの受容的交流療法というフィルターを通して見たとき、奇跡的とも思えるほどに氷解するのです。正に神の意志にもそう考え方であり、私には眼前の霞を取り払われたかのごとく思えたのです。

思いやりから共感を

『自閉症児のようにわかりにくい子どもに対して、言語的、概念的にわかろうとするからわかりにくいのである。自分が内的に忘れているような感覚、世間と妥協しないで、自分だけがあたためているような感覚、そういうものに気づいたとき、その共感で子どもを理解することができるのではないだろうか（中略）まず、治療者にはこの他人と共感できる思いやりの感覚を基本にはっきり持つことを要求したい。（中略）治療者としての資質を向上させるためには、この「思いやり」を育てることが大切である』（石井哲夫・自閉症児の

交流療法・東京書籍）

萌葱の郷では保育・教育・支援の3本柱をハート・サイエンス・アートとしていますが、ハートは相手を思いやり相手の立場に立って共感することです。いかに優れた理論や技術であってもハートがなければ価値はないと考えています。

心と頭をとぎすます

『子どもたちの奇妙とも勝手ともまた異常とも思えるような行動をきっとそうせざるを得ない事情があるに違いないとこちらは心と頭をとぎすまし、見守りながら落ち着かせるにはどうしたらよいか、うまく遊びに誘い込むにはどうしたらよいか、人間らしいつながりを持てるようにするためには、理解を進めていくにはと考え、実行し、また考えていかなければならない』（石井哲夫・自閉症児の交流療法・東京書籍）

支援者が既成概念や自分の経験、あるいは特定の理論を杓子定規に当てはめて支援することは時として有害です。アセスメントが重要であることは疑う余地はありませんが、支援者側の尺度に当てはめるのではなく、ここで述べられているように子どもの側に立ったアセスメントが重要なのです。

喜びの源泉

『つまりこの日常生活の中で、人が存在する喜びの源泉となっていることは明らかに主体的活動である。人が自発的に考えること、ふるまうことの中にその人の喜びがあると考えるのである。したがって、治療とは誰かがある人に何かをしかけるという意味で行われるものでなく、本当に治療を受ける人自身が満たされる方向で営まれるべきものなのである』(石井哲夫・自閉症児の交流療法・東京書籍)

操作的な指導や訓練は課題を達成するうえで有効だと思いますが、クライエントにとって主体性が損なわれ、喜びの伴わない活動であれば、時には苦痛となることで、拒否や逃避を招いたり、その場を避けることができない場合は行動障害を惹起することもあります。

環境整備

『環境的条件を整えることによって、発達を認めることができる場合、その環境的条件を整えることが治療だと考えている。治療者はそういう意味でこの環境的条件をいかにして整えるかを考える人であり、まず自分がその子どもに対してどういう存在であるべきか、どのように理解し、働きかけ取り組んでいく存在であるべきかということを考えていく必要がある』（石井哲夫・自閉症児の交流療法・東京書籍）

私は、滝乃川学園でもめぶき園でも環境整備を重要課題の一つとして取り組んできました。支援者自身のありようが環境的条件であり、構造化や生産活動、余暇活動等を提供し、生きがいやノーマライズされた生活を保障するなど、専門的見地からの環境整備もありますが、清潔に保つことや壊れた場所を放置しないなどの基本的な課題も重要です。

行為の背景を理解する

『たとえば食卓の上に多少水をこぼし、水たまりができたとする。彼は気がかりになり（中略）手近にあった汚れ雑巾をとって拭きとる。拭き終わった雑巾を置く適当なスペースがないと、隣のテーブルに投げる。その様子を見て、雑巾で拭くこと、投げることを叱ったとすると、彼はそのことを額面どおりに受け取ることができない。おそらく最初の拭きとろうとした気持ちを拒否されたように受けとるのだと思う。単なる手続上の問題を注意されたと受けとることは彼の理解の及ぶ範囲をはるかに越えているのである。このような扱いが彼の精神活動のスムーズさに障害をもたらし、荒廃の道に追いやってしまうのである』（石井哲夫・自閉症児の交流療法・東京書籍）

私たちは日常的に前記のような過ちを犯してしまっているのではないだろうか、そして、そのことを指導と信じ込んでしまってはいないだろうか。同じように子どもの心をかえりみず、私たちの尺度で測って叱ってしまうことが多いのではないだろうか。

「ガラスを割った」「何々をした」行為のみを取り上げるのではなく、なぜそうしたのか、そうしなければならなかったのかと、その行為に至る背景を推測し理解することが重要ではないだろうか。

叱ること

『治療者といえども、決して子どもに対して、好意と許容ということだけで臨んでいるのではない。時には許すことのできない行動にも出会う。例えば人に噛み付くことである。この噛み付きに対してもあえて受容するかといえば、受容しない方がよい。（中略）こういう場合は噛むことによって得られる報酬をなくすようにすることが大切である。報酬というのはこちらが驚くという反応をすることである。（中略）その望ましくない行動をどう変えていくことができるかが問題となってくる。変えていくということは、子どもがいま動かされている心理的体制を変えるということである。（中略）どうするかというと場面を変えるのである』（石井哲夫・自閉症児の交流療法・東京書籍）

私は叱ることが子どもの中で正当に理解され、受け入れられる場合はそれでよいのではないかと思います。問題になるのは自分の行動と叱られたことの関連が全くつかず、あるいは誤解したり、萎縮したり、むしろ報酬となってしまう場合です。従って絶対に叱らないというふうに短絡する必要はありませんが、この場面で叱ることが子どもにとってどういう意味を持つかをよく考え、無意味にあるいは感情的に叱ることを控えることが重要だと思います。

仮説を立てる

私たちが子どもと接するとき、重要なことの一つは、仮説を立ててみることだと石井先生は言っています。すなわち「問題行動」に対して、愛情が不足しているからではないだろうかとか、何々を要求しているのではないだろうかという具合に仮説を立ててみて、その原因を探り解消するように努力します。仮説を立てるときは子どもの側に起因するものばかりでなく、支援者の関わり方や態度、環境などについても検証することが重要です。結果が思わしくない場合は何度も見直します。

終わりを認識させる

指導中、集中力や持続力が弱まって気分が分散してきた時には「ここまでやったら終わりにしよう」という具合にあらかじめ終わりを認識させることが必要です。そもそも終わりの見通しが立たない課題や作業は苦痛であり、過酷な場合はうつ症状を発症したり、自死に至ることもあります。逆に課題や作業の結果が社会や人の役に立つなどの意味のあるものであり、そのことを通して喜びや感動を得ることができれば、少々の苦痛や苦労も乗り越えて達成することができます。

事例研究の重要性

かつては多くの障害者施設が日誌は書いていましたが、個別支援記録は書いていないことが多く、個別支援記録がなく監査前に1年分の記録を偽造するようなことすら行われていました。かなり著名な施設の職員から当たり前のように聞いたこともあります。ほぼ毎日の生活に大きな変化がありませんから記録がなくても特に困ることもないわけです。

その原因は職員数が少なく、日課で決められた生活指導やルーティンワークをこなすだけで精いっぱいという事情もありましたが、それ以上に記録は監査に必要なだけで利用することもないし、無用な仕事だとの認識がありました。

ケース会議はほとんど行わないし、行ったとしても記録がなければ、職員各々が感じた印象を述べ合うだけのエビデンスのないものになり、最終的には権限のある者や自分の意見を曲げない頑固な職員の意見が通るという結果になりかねません。

萌葱の郷では個別支援記録は重要な記録として、勤務中に記録の時間を設けて日々記録しています。それを可能にしているのは、基準を超える職員を配置し、早い時期に記録のソフトを導入し、課題の内容や頻度を簡単に検索することができるようにしているからです。従ってケース会議では記録された事実に基いて検証します。

このように支援経過は必ず文章化して記録する必要があります。それによって、いつどのように利用者が変化したか、どのようなかかわりが有効で、反省すべき点はどこかということが明確になります。

受容的交流療法の12ケ条

(1) 子どもの様子をよく観察して情緒の安定をはかること
(2) 言葉かけや接触行為は全て子どもの様子をみながら調整すること
(3) 子どもの注意が向くような喚起を心がけること
(4) 一つのことを徹底的にわからせるように心がけること
(5) 時には力強く話しかけたり、そっとささやいたりしてみること
(6) 自信があれば手を抑えたり、体を撫でたりして安定させること
(7) 緊張している時や不安な時には好きなことをさせるようすること
(8) パニックや機嫌の悪い時には遠ざかること、自信のある時にはなだめること
(9) セラピストは遊びのベテランとなるように心がけること
(10) 子どもの排泄について、条件反射的に禁止的対応をしないこと
(11) 危険な事や他人への危害の恐れのあることは、はっきり禁止すること
(12) 良いと思ったことははっきり褒めたり認めること

(石井哲夫・実践障害児教育誌・学研刊)

萌葱の郷では、石井先生の受容的交流療法の12ケ条を意識しながら支援に取り組んできました。その結果、各条項を具体的な場面に照らして思い浮かべることができます。私は児童施設で自閉症児に出会い、その後めぶき園で自閉症者に出会いましたが、子どもの場合も成人の場合も共通する考え方だと思います。

以上述べてきたような姿勢をもって自らを修練していくことは、私たちにとって精神的にも肉体的にもなまやさしいものではありません。職員が専門性を獲得していくためには、心を常に利用児・者に向けられるような職場環境が必要だという信念で職員の労働条件の向上に努め、誇りとプライドを持って働ける萌葱の郷を目指しています。

研修から学んだこと

ここに書いたことは、研修報告を基に加筆したものです。この研修を終えて、私がこれまで社会学的側面からしかみれていなかったことに気づきました。障害児の治療教育には社会学的な視点と心理学的な視点、さらには医学的な視点が必要です。

私はこれまでにも様々な施設や実践を見聞し、少なからず影響を受けたことはありましたが、いままでのものがどちらかといえば「効果があった」という非常に実利的なものであったり、素晴らしい設備や環境だったり、ある場合は精神論でした。しばらくたってみると、あれはあれで素晴らしいけれど、学園には学園の現実があるし、ちょっとついていけない面もあるという類のものが多かったように思います。

受容的交流療法はどんな場面にも通用しうる普遍性があります。実際のところ、教育・福祉の分野で施設ほど研修の機会が少なく、学ぶことが軽視されている分野はありません。めいめいが研修を重ねて歴史学、社会学、教育学、心理学、医療等を一定程度理解した上で子どもと向きあい、事例研究に取り組んで、内実のある処遇実践論を確立することが重要です。

石井先生や受容的交流療法を批判する人もいますが、私にとっては石井先生との出会いが、これまでの取り組みや人生の指針となりました。

平井信義先生

石井先生のお誘いで、そのころ夏に伊豆半島で行われていた研究者や実践家の合宿方式の研修会に参加しました。

子どもの生活研究所の小山裕子先生が事例発表を行い。平井信義先生が司会とコメントを担当したセッションをめぐって、平井先生と石井先生のやりとりがありました。すでに何十年も前のことですので、多少の誤解があるかもしれませんが、石井先生の受容的交流療法の真髄にふれていると思われますので、当時の研修報告を元に紹介します。

保育者の「何かに誘おうかな」という意図にとても敏感で、緊張や抵抗を感じやすく、見通しが持てなかったり、理解できない事態で動揺し、不安や混乱から癇癪を起こしやすいKちゃんに対する小山先生の取り組みがビデオで紹介されました。

平井先生のコメントは、子どもにやる気がないのに強引に課題をやらせているのはどうかと思う。ビデオを見ていて、Kちゃんはあの課題を簡単にできるということがわかった。小山先生の考えを聞かせて欲しいというものでしたが、小山先生は答えられませんでした。

相手の立場に立つ

石井先生が講演の冒頭で、小山先生の事例研究に対する平井先生の意見に対しての見解を述べました。

「小山先生はめばえ学園（障害児通園施設）のさわやか組のリーダーで、受容的交流療法を基盤にしていますが、必ずしも私と同じということではありません。人それぞれに個性があっていいと思っています。

私が受容的交流療法としたのは、ネーミングをしないと意識してもらえないからです。私はロジャースから相手の立場を意識することを学びました。相手の気持ちを感じ取ることがとても大事ですが、小山先生もなだめて、きちんと分からせようとしています。あの場合、やらせることに意味があるのではなく、なだめて耐えることを求めていたのだと思います。

人の求めに応じて下さいということを課題にしていたのです。

私は平井先生と違って、教えたり、分からせることが必要だと考えています。場合によっては打ち込みと称して緊張した場面をつくることもあります。

こぐま学園（通学児・放課後）で納得させることができるようになって、パニックが減ってきました。パニックを起こす子どもはまだ人間関係ができていないわけです。誰かと人間関係ができて意思疎通ができるようになる。仲良くなることでパニックを起こさなくなります。

厳しいやり方では人との関係がうまくつきませんからトラブルを起こしてしまいます。目先だけで見ないで、育った子どもの行く末を追って欲しい。私は型を整えて押しつけるのではなく、時間がかかっても子どもにわからせることが大切だと思っています。

問題行動の対処に追われることがありますが、子どもに真剣にかかわっていくなかで、自然に解決していることが多く、圧力をかけてもどこかへ抜けていって別な形で表れてしまいます。自分の子どものように思ってなだめます。場所を変えてみます。自信がなければ近寄らないようにします。

子どもは気難しく、意地悪な態度には敏感です。本当に貴方のことを考えているんだという気持ちで言うと伝わります。

私は受容的交流療法の交流にアクセントを置いて欲しいと思っています。親身になって援助をしたいと思っています。あくまでも相手の立場に立つという気持ち、受容者としての能力を育てたい。その時はそうでなくても、あとで思い返して反省できればいいと思っています。ただ子どもによって加減しなければならないし、他の子どもが嫌な気持ちにならないように気をつけなければなりません」

Kちゃんの気持ち

研修報告の中で、このセッションに関しての感想とコメントを書いていますので、合わせて紹介します。

私もビデオを見て、Kちゃんはあの課題を十分できると思いました。あの場合の課題はむしろ小山先生の求めに応じようとしないKちゃんの拒否的な気持ちに対して、なんとかはいり込んでいって応じてもらうことが大切です。そういう意味で優しく、粘り強く関わっている小山先生のやり方でいいと思いました。

平井先生は「私なら子どもが拒否したり、やりたくないと思えたらそこでやめる」と言っておられましたが、それでは主導権があくまでKちゃんにあって、Kちゃんに振りまわされて終わってしまうことも考えられるし、拒否的なKちゃんの気持ちを和ませて、心を開くことができないと思います。

2本目のビデオで、机の上から落ちた教材をKちゃんが小山先生の求めに応じて何度も拾いにいっていましたが、1本目のビデオと比べて見るとわかるように、Kちゃんと小山先生の関係が深まり、よく小山先生の求めに応じられるようになっており、表情も和んでいました。小山先生としてはこの間の変化を見て欲しかったのだと思います。

自立について

同じ研修報告に「生活習慣の自立について先生の見解をお聞かせ下さい」という質問があり、それに対しての石井先生の回答が参考になると思われるので紹介します。

「生活習慣が自立していないと困るのではないかと考えるわけだが、生活習慣の自立していない子どもを毛嫌いしなければいいのではないか、できない子どもには世話をして下さい。庭でうんちをしたら穴を掘って埋めればいい。決して奨励しているわけではない。子どもは形を変えて職員に求めている。

接触の要求、叱れば叱られることを求めてそうしてくるだろう、だからそういう場合は困らないようにする。ちゃんと教える。関心がおしっこやうんちに向いていることは、生活が狭いわけだから生活を広げながら受け入れていくことによって自然に身についていく。

厳しく躾けたグループとそうでないグループが変わらないことは実証されている。自立を強要することで緊張して駄目になっていくのではいけない。人間関係がベースにあって、強要はしないが誘うようにする。

大人がこだわってこれができなければというのでは良くないと思う。子ども自身の選択を大切にする。大人が目標にこだわっていることが問題を生んでいる。

人と関わって最初はぎこちないから逃げるが、だんだん楽しくなってくる。これでいいのだと思ったり、これではダメなんだと思ったり、少なくとも対等な関係でありたいと思っている。具体的な目標、見たことができることがあるので、大人がモデルになることが大切である」

石井先生の言葉、正確には私が研修報告に書いたり、先生の講演や著書等から学んだものですが、その一言、一言、一つひとつのフレーズが実践に裏打ちされ、自閉症療育のみならず、人生や人と人との関わりのありようについて深い含蓄を含んでいます。

「受容的交流療法」にはエビデンスが無いと批判する人もいますが、最新の神経生理学や脳科学、合理的配慮や意思決定支援に通じる極めて実践的価値の高いものだと思います。

石井先生が主催する研修会では、受容的交流療法が唯一無二だというような押しつけは一切なく、行動療法、動作法、抱っこ法、ニューカウンセリング等様々な理論や技法についての第一人者による講義や演習がありました。

ショプラー博士とも歓談し意気投合したとも聞いています。受容的交流は対人支援に関わる者のあるべき姿勢や構えすなわち原理原則であり、どのような理論や技法であろうとも人間性を否定するものでない限りにおいて矛盾するものではありません。

先生は亡くなられましたが、ことある毎に、このことについて先生はどうお考えになるだろうかとの思いが頭をよぎります。

身内としての発達障害

私は、著書や講演、会話を通して石井先生から自閉症療育の根幹を学びましたが、長男は社会福祉法人嬉泉に職員として7年間在籍し、結婚するまでの5年間は指導員として、子どもの生活研究所で自閉症や発達障害の子どもたちと関わりながら、先生のご自宅に隣接する宿舎に寝起きし、昔風にいうと書生として先生の講演や会議にも同席し、テープおこしや論文の下調べ等もしていました。

本人の話によると食事は先生のご自宅や外出先でご一緒することが多かったそうで、ほとんど家族同然に過ごしたようです。勤務時間は勿論のこと、日曜も祝日も無いような生活だったようですが、内弟子として、石井先生の身近で直接教えを受けるという貴重な体験をした者は嬉泉の職員でも多くはありません。

私が滝乃川学園に住み込みで働いていたことから、長男は1歳から高校進学までの15年間を滝乃川学園内の職員住宅で過ごしました。幼児期や学童期は滝乃川学園の園児と一緒に遠足や旅行にも行きましたし、滝乃川学園に入所しているお兄さんやお姉さんによく遊んでもらっていました。トランポリンの宙返りの技は滝乃川学園の子どもたちと一緒に遊んで身についたものです。

小学校は滝乃川学園から通学したことから、当初は差別されたこともあったようでしたが、徐々に持ち前のリーダーシップを発揮し、小学校を卒業する頃には当時進学した中学校で校内暴力がふき荒れていたこともあって、小学校の担任が同級生に「中学へ行ったらイガラシの陰に隠れていろ」と言ったと聞いています。

中学生や高校生になっても滝乃川学園の利用者や卒園児に出会うと「おう、タケシ」等とよく声をかけられていました。本人が言うには高校時代はそういう環境と距離をおきたかったそうですが、彼にとって自閉症や知的障害の人たちは絶対に見捨てることのできない「身内」だと言ったことがあります。

ボランティア活動から福祉の道に入った私と物心ついた時には周囲に自閉症や知的障害の人たちがいて、石井先生から直に学んだ彼には、利用者支援においてどうしても敵わない面があります。

第3章

理想的な自閉症療育をめざして

1 自閉症者施設創設の天啓をうける

施設開設の思い

園長から「俺の後は君に任せる」という趣旨のことを言われていましたし、一生というわけではありませんが、滝乃川学園で働き続けるつもりでした。ましてや大分の地で自閉症者施設づくりに取り組むなどとは夢にも思っていませんでした。

滝乃川学園は佐賀県出身の石井亮一先生が明治24年に創立し、間もなく100周年ということから、筑波大学の津曲先生、学芸大学の松矢先生、花房園長、職員OBの大橋さん、職員の河尾さん、高橋さん等と一緒に私は滝乃川学園百年史編纂委員会に関わっていました。

資料を発掘しようということになって、石井亮一先生とその奥さんであり、共同経営者でもあった筆子先生の出身地の佐賀県に調査旅行に行った帰りに妻の出身地である大分を経由して、私が中学・高校時代を過ごした松山に立ち寄り、同級生に再会し、実家のある高松へ帰ったことがありました。その旅行中のどこかで「大分に自閉症者施設を創ろう」

と思い立ちました。

そう思い立つには幾つかの理由がありました。一つは学生時代に知的障害児施設を創ろうとして「ひゅうまん運動」を立ち上げたものの、結果的に中途で投げ出すような形になってしまったことから、応援してくれた方々との約束を果たしたいという思いです。

滝乃川学園で重い知的障害を伴う自閉症児と出会ったことから、様々な経験をし、多くのことを学びました。全員卒園したことで、私なりに一区切りついたこともありました。

もっと現実的な理由としては、前年に購入した自宅がバブル景気で高騰し、売却すれば施設創りの自己資金が生み出せそうだったことと、大分の義兄の家に立ち寄った際に土地の目途が立ちそうだったこともその一つでしたが、それらを熟慮して決めたわけではなく、正に天啓のように閃いたのです。

不思議なことに妻も長男も賛成しました。さらに高松の父親は寝そべっている姿など目にしたこともなく、子どもの頃に叱られると、思わず裸足で庭に飛び出したほど厳格な人でしたが、その父親が施設創りに関しては、「もう炬燵の番ぐらいしか役に立たないが」と言って金銭的に援助してくれました。

大分県障害福祉課

　ある人から、大分福祉事務所の衛藤福祉課長を紹介され、衛藤課長に案内されて、大分県障害福祉課の霜鳥課長と対面しました。霜鳥課長は厚生労働省からの出向で私よりも若く、国立市にある一橋大学出身でした。一橋大学と滝乃川学園は同じ国立市にあることから交流がありました。

　立ち話でしたが、直感的にいけるという感触を得ました。霜鳥氏はその数日後に厚生労働省に戻りましたが、後年霜鳥氏とまみえる機会があり、たった1回会っただけだったのに、よく覚えてくれていて、厚生労働省に戻ったあと、大分県から自閉症者施設創りについて相談があった時には「五十嵐さんの話でなければ受け付けない」と応援をしたと、まるで旧知の友人のように話がはずみました。

　霜鳥課長のあとを小野課長が引き継ぎ、徐々に具体化していきましたが、特に新名係長は、「自分は石橋を叩いても渡らないし、施設を創りたいという人は山のように来るが、五十嵐さんに施設を創ってもらいたい」と随分肩入れしてくれました。

　担当の渡辺さん、その後を引き継いだ松田さんには法人申請や補助金申請で大変お世話になりました。松田さんの実家は犬飼町の無量寺という禅宗のお寺で、めぶき園に無償でお寺の畑を貸してくれました。偶然、同じ地区に私が住むことになり、亡くなられたお父さんやお母さんには個人的にも大変お世話になりました。

小野課長は「福祉は現場が原点」という強い信念を持たれていて、福祉保健部長になり、県社協の常務理事を務められた後、総ての公職を去られましたが、在職中も退職後もよくめぶき園を訪問して下さいました。

滝乃川学園は日本で最初にできた知的障害児施設であるにも関わらず、在職中の18年間に部長（東京都は局長）はおろか、課長や係長すらほとんど来園したことがなかっただけに、私は出来たばかりの小さい施設に気軽に部長や課長が視察に訪れることに大変感動しました。

大分県は東京都に較べると財政的に豊かとは言えませんが、障害者自立支援法施行時にも全国に先駆けて独自の利用者負担軽減策を打ち出すなど、弱者に優しい県政を実行していることを私も県民の一人として誇りに思っています。

大分県自閉症児・者親の会

めぶき園は、多くの人たちの協力があってできましたが、自閉症の子どもを持つ親たちを抜きにしては語れません。大分県自閉症児・者親の会の事務局長をしていた岡本さんとは開設準備からめぶき園運営や経営のパートナーとして取り組みました。

岡本さんは県の企業局の職員で本人曰く「石橋を叩きすぎて壊してしまいかねない」ほど慎重な人で「直感的に決めて、行動しながら考える」タイプの私とは正反対の性格でした。そのためよく衝突もしましたがお互いを認め合ってもいました。

岡本さんは私の自閉症者施設を創りたいという話を聞いて周囲の人に言わせると正に「飛びついた」そうで、「人が変わったみたい」とか、「騙されているのではないか」と言われたそうですが、「騙して何の得がある」と動じなかったとのことです。

私が当てにしていた義兄の土地は交通の便が悪いことと、義父の死後に権利関係が少々複雑になっていたので、結局土地を探すことになりました。

色々な人の紹介で玖珠郡や大分市内の土地を中心に見てまわりましたが、私に土地勘がなく、予算が限られていたこともあって、なかなかこれはという土地には行き当たりませんでした。

土地が決まらないままに「施設創り」の話のほうが先行し、県の職員から早く土地を確定するように催促されていました。そんな時に岡本さんから自分の出身地の犬飼町が大分県内のどこからも比較的に交通の便がいいので世話をしたいという申し出がありました。

岡本さんの縁戚で町議会議員の足立さんの口利きもあって町有地を無償貸与してくれることになりました。

この件については後日談があります。町有地が農地だったために、補助申請の直前になって貸与のままでは農地転用ができないことが判明しました。

私はすでに犬飼町内の借家で単身生活をしていましたので岡本さんと一緒に犬飼町と交渉して、結局６００万円で、しかもそのうちの３００万円は10年払いという破格の条件で購入することができました。

結果的には土地が自己所有になったために、土地を担保にすることで社会福祉医療事業団からの借入がスムーズにできたというオマケもありました。土地の件に関しては、矢田、山村両町長や阿南助役はじめ犬飼町役場の方たちに大変お世話になりました。

心筋梗塞

昭和63年3月から平成元年5月までは滝乃川学園に勤務しながら、公休や年休を使って休みはおろか睡眠時間も削って、毎月のように大分に通いました。

普段は新幹線で行き来しましたが、5月の連休に妻と二人で自家用車で行きました。その帰り高速道路が大渋滞していたために2日がかりになってしまい、間もなく帰宅という八王子の郊外を走っている時に胸を締め付けるような強烈な痛みに襲われました。非常駐車帯に車を停めて体を丸めてしばらく休んでいたら少し回復したのでそのまま帰宅しました。

翌日かかりつけのお医者さんに見てもらったら、一過性のものだろうということでニトログリセリンを1包もらっただけで、特に治療もしませんでした。

数年後の健康診断で心筋梗塞の既往歴があると言われてカテーテル検査をして心筋梗塞だったことが判明しました。

高速道路で心筋梗塞を起こした時はこのまま死ぬかもしれないと思いました。数日間は熱があり、ひどく体がだるく、性質の悪い風邪だと思っていましたが、このまま施設創りと仕事を両立させることは無理だと判断して滝乃川学園を退職しました。

私は現場一筋でしたので、誰に対してもストレートに自分の思っているままのことを言って、相手の立場を慮ることを知りませんでした。

障害福祉課の課長や係長はそんな態度をむしろ新鮮に感じて信用してくれましたが、初代理事長の高田先生は大分県教育委員会に籍を置き、高等学校の校長を最後に退職した方で、一緒に挨拶回りに行った時の私の態度を見て、もっと頭を下げて丁寧に話せと注意されました。

聞くところによると岡本さんも私と一緒に県庁に行く度に冷や汗のかき通しだったようでした。

単身赴任

めぶき園の建設予定地が決まって、地区の住民の人たちへの説明会や熊本県の自閉症者施設「三気の里」の見学会を行いました。

区長の林さんは大変理解して下さって私たちと一緒に地区の人たちを説得して下さいましたし、長老の柴田さんはみんなでボランティアをするぐらいの気持ちがなければだめだというようなことまでおっしゃって下さり、林さんは理事として地区とめぶき園の掛け橋を務めて下さいました。

平成元年5月末付けで滝乃川学園を退職し、家族を東京に残して、犬飼町に借家を借りて単身で移住しました。準備段階でしたので、東京から必要な時だけ通う方法もありましたし、個人的にはその方が楽で経済的とも思えましたが、地元に溶け込みたいという気持ちもあって施設建設予定地の犬飼町に住むことにしました。

初めのうちはあまり忙しくなかったので、地区の葬儀がきっかけで、よく地元の人と酒を酌み交わしたり、誘われて軟式テニスをしました。

葬儀は亡くなった家の班の人たちが必ず手伝いに出ることになっていますが、墓穴掘りなどもしていた昔と違って男性陣は手持ち無沙汰な時間が多かったことから、焚き火を囲みながら雑談をし、葬儀が終わった後はそのまま誘われて一緒に酒を飲みました。

私はテニスの経験はありませんでしたが、あの大きなラケットになかなか球が当たらないとか、どこに飛んでいくか分からないなどと言われて、そんなことがあるものかと応じたことからテニスクラブに名を連ねることになりました。

施設の開園が近づくにつれ忙しくなって、自然と軟式テニスはやめましたが、その後、犬飼にきて最初に友人になった春野さんに誘われて、運動不足やストレス解消に硬式テニスをはじめました。

春野さんはめぶき園落成式に地元関係者として出席し、若いにも関わらず地元地区を代表して挨拶したので印象に残っていました。

その後付き合いが始まって、何度もテニスに誘われて断り続けていましたが、めぶき園開園後6~7年が経過し、いくらか落ち着いてきたことと、運動不足やストレス解消になればと思い始めました。

春野さんとは飲むと口論したり、時には掴み合いをしたこともありますが次に会った時は何ごともなかったようにお互いにケロッとしていました。こんな関係がいわゆる本当の友人かもしれません。

東京からきたということで、ものめずらしさも手伝って色々な人と親しくなりました。

東京と違って暗くて空気が澄んでいるために、降るように星が見えることから、星空を見上げながら「星が綺麗ですね」と言ったらしく、そんなことがしばらく話題になりました。

めぶき園は小さな施設ですが、実に多くの人の手助けや応援、働きがありました。どんなこともひとりでは決して成しえないことを肝に銘じなければなりません。

萌葱の郷

心筋梗塞を起こして、かかりつけ医に診てもらったら一過性のものだろうということで特に治療をしないままだったことは先に述べたとおりですが、犬飼町に移住して法人認可や施設開設に向けての打ち合わせなどの他にこれといった仕事もなかったことから、朝寝坊の習慣がついて、東京からたまに訪ねてきた妻が「施設が開園したらちゃんと出勤できるのだろうか」と心配するほどでした。

心筋梗塞で冠動脈が詰まった心臓の機能は通常の5割程度だと後になって知りました。心筋梗塞を起こして治療もしないままに見知らぬ土地で一人暮らしをすることは無謀だと思いますが、朝寝坊をしてのんびり生活したことが功を奏したのか、心筋梗塞後の息苦しくて全身がだるい症状が治まり、本人はすっかり良くなったと思っていました。

運動不足を解消するためにプールで水泳をしたり、ジョギングをしたり、マウンテンバイクを購入して長湯や大分市内等に遠出をしました。

法人の名称をなかなか決められませんでしたが、マウンテンバイクで大分市内を走っていた時に「萌」というブロンズ像にヒントを得て、自閉症者施設に○○の郷（里）という名称が多いことから「萌葱の郷」と名付けました。

萌葱は春に萌え出る草の芽を表す意味があることから、施設名を「めぶき園」と名付けました。

バブル景気

バブル景気の真っ只中と重なり、例年であれば県費の補助事業が決定すれば、建設会社からの営業がある筈なのですが、1社も営業はなく、岡本さんと建設会社に打診（お願い）に行きました。

各社とも受注工事が多いことから、途方もない高い金額を提示されたり、はっきり指名を断られた会社もありました。そんな中で2社が工事請負の意志を示し、入札の結果、そのうちの1社が建築工事を請け負うことになりました。幸い工事価額は当時にしては破格の安さで落札しました。

農地転用が遅れたこともあって工事着工が遅れたこと、職人が確保できず、建築現場に行くと工事が止まっていたり、一人で作業をしている姿を見ることもあり、年度を越える繰り越し事業になりました。そのために何度も書類を出しなおしたりして平成3年6月にようやく開園しました。

大水害

平成2年7月2日、県庁の開庁時間に合わせて犬飼町の借家を出ました。前日から雨が降り続いていましたが、往きは大野川の水位は上がっているものの何ごともありませんでした。

県庁で打ち合わせを終えて国道10号線を走っていて異変に気づきました。大野川は大量の泥水と共に多量の漂流物が流れ、国道を大量の泥が覆っていましたが、車が通れる幅で泥が取り除かれていたために無事に帰宅することができました。

梅雨前線の停滞による大雨の影響で竹田市を流れる玉来川と稲葉川、下流の大野川が氾濫し、国道10号線が冠水しました。私の借家のある犬飼町でも小学校やドライブイン、料理屋、民家等が浸水しました。

住んでいる地区の民家が浸水したことから、片付けの手伝いに出ました。人が流され、牛やピアノも流されました。死者４人、流された牛は無事だったと記憶しています。

30年に１度の水害と言われましたが、大野川は３年後の平成５年９月、平成24年７月と立て続けに氾濫し、後になるほど水位が上がり、平成29年９月台風18号により、大野川沿いのドライブイン跡地の当法人の就労支援事業所「どんこの里」が床上浸水の被害を受けました。

「どんこの里」の敷地はこれまでの水害時の最大水位以上に盛土がされていましたが、これを大幅に超えて浸水しました。この時は大分市、津久見市、佐伯市等広範囲で大きな水害がありました。

17日に浸水したとの報告を受け、管理者と相談し、片付けの応援を各事業所に依頼しました。18日が祝日だったことから、公休の職員を中心に各事業所から70名余が駆け付け、取引業者も協力してくれて、僅か１日でほぼ片付けを終え、１週間後には事業所を再開することができました。事業所が分散していることが幸いしました。

特に意図したわけではありませんが、豊後大野市、大分市に事業所が分散していることから、水害に限らず、地震等の災害時のリスクが分散し、全事業所が被害を受ける可能性は低いと思っています。

オープニングスタッフ

折からのバブル景気は職員の採用にも影響し、応募者が少なく、職員の多くを縁故採用に頼らざるをえませんでした。

支援員7名、栄養士1名、調理員2名、事務員1名と施設長（私）の12名でした。支援員2名と栄養士は知的障害者施設の経験がありましたが、それ以外の者は福祉そのものが未経験で知的障害者施設経験者も含めて、自閉症に関しての知識や経験は皆無でした。

職員を採用したものの工事が遅れて開園が遅れたため、九州地区で既にオープンしていた志摩学園（福岡県）、三気の里（熊本県）、塚脇学園（鹿児島県）で実務研修をしました。研修先も開園して間がない時期でしたが快く受け入れてくれました。

研修した職員にとっては、自閉症は見たことも聞いたこともない人たちで、研修当初は恐怖感を抱き、どうしていいかわからず、壁際に立ち尽くしたことから「壁人間」なる造語が生まれました。

私は開園当初施設開設に伴う事務処理に追われていました。管理者としての経験はなく、現場職員としての意識から抜け切れず、電球の交換や環境整備等も率先していたところ、電球の交換や修理は私の仕事だと思ったのか職員が「〇〇の電球が切れました」と報告に来るようになりました。

7名の新米の支援員で重い知的障害があり、器物破壊、他害、自傷、飛び出し、失禁等、様々な行動障害のある利用者を支援することは容易ではありませんでした。

行方不明事件

開園直後の平成3年6月21日（金）午後3時頃、犬飼町中央公民館でボール遊びをしていたところ、ノブオ君（仮名）が行方不明になりました。

職員、保護者、警察、地元消防団など総出で捜索しましたが、約24時間後の翌22日（土）午後2時頃に捜索に加わっていたお父さんが川べりの草むらで発見しました。

公民館とめぶき園の間に国道57号線があり、57号線に沿って茜川が流れています。なにしろノブオ君は動きが素早く身軽で、自宅のマンションの3階から飛び降りたり、職員の手をすり抜けて崖を駆け下りたり、車道に飛び出したり、川に飛び込んだりとまるでターザンのようでした。

車道や道、林などくまなく探しても見つからないまま暗くなり、夜明けを待って2日目の捜索が始まりました。茜川の川べりは入り組んだ急斜面なので国道からの捜索が難しいことからもしかしたら川べりに降りて動けなくなっているのではないかと考えて、茜川をゴムボートで下って捜索することにしました。

上から見る限り、流れも緩く簡単そうに思えましたが、いざやってみるとかなりの急流で身の危険を感じる個所もあり、ボートにしがみついているのがやっとで、周囲の川べりに目をやる余裕はありませんでした。

お父さんが丹念に川べりを捜索してノブオ君を見つけました。川べりにいるのではないかとの私の予想は当たっていたわけですが、親の愛に勝るものはないと思いました。

6月下旬という季節や雨が降らなかったことも幸いしたと思いますし、川に入るのは危険だと感じたのだと思います。彼だけでなく、用水路のへリをふらふらと歩いて決して落ちない人を何人も見てきましたので、自閉症の人は危なっかしく見えながら、案外用心深いと思っています。

このことがあってから眠っている時間以外は見守りの職員を付けることにしました。その後、崖を駆け下りたり、飛び出す行動はみられなくなり、歳を重ねるにつれてどちらかというと寡動（行動が緩慢になること）傾向が見られるようになりました。

タケノコ生活

滝乃川学園を平成元年に退職してから、めぶき園開設までの2年間は無収入で、妻の東京の保育園での給与が唯一の収入でしたが、法人への寄付、東京と大分の二重生活にかかる費用、東京と大分の旅費や施設開設事務に伴う経費、さらに長男がまだ大学生だったために学費や生活費の負担もあり、めぶき園を開園した時には個人的な蓄えはほぼ無くなり、タケノコ生活を余儀なくされました。

タケノコ生活は2度目で1度目は「あらくさ」を出て滝乃川学園に就職した時に経験していました。1度目は正真正銘の一文無しで、滋賀県から東京までの引っ越しや当面の生活費を先に東京に出ていた鈴木君から借金し、質屋通いをして何とか乗り越えました。

根っからの楽天家なのか、あまり苦にすることもなく、魚釣りに行っておかずを調達したり、お金のかからない遊びをしました。

滝乃川学園に就職当初は国立市から生活保護の打診を受けるほどの生活苦でしたが、美濃部都知事の公私格差是正事業で「あれよあれよ」という間に給料が上がり、差額まで支給されたことで懐が豊かになって、スキーに夢中になったり、ヨットクラブに入会したりしました。冬のボーナスを年末年始に家族スキー旅行で使い果たしたこともありました。

貯金が増えてマイホームを買えたのは長男のおかげです。長男が中・高校生になって親と一緒に旅行に行きたがらなくなって、旅行に行く頻度が少なくなり、2～3年で1000万円貯まりました。

職員住宅の生活は家賃も光熱水費もかからず快適だったので、家を買おうと思ってもいませんでしたが、突然、思いつきで購入しました。翌年、バブル景気で、買値の倍額に高騰しました。その自宅を売却して施設開設の自己資金に充てました。自宅売却後、バブルがはじけて元の値段に下がりました。

2 よく寝て、よく食べ、よく働き、よく遊ぶ

生活リズムを整える

人間には、夜寝て、昼間活動して、3食とるという、規則正しい生活が大切だと思います。昼夜が逆転した生活では精神的にも肉体的にも病んでしまう場合があります。

仕事や趣味など手ごたえのある活動は生活に張り合いと潤いをもたらすだけでなく、世のため人のためになっていると実感することで、生きがいや人生に価値を見出し、豊かな人生を送ることができます。自閉症の人も例外ではありません。

強度行動障害の原因や背景に仕事（生産活動）や趣味を持てず、毎日を無為に過ごすことやそのことに関連した生活リズムの乱れがあります。閉鎖空間に閉じ込められ、何もすることのない環境に置かれれば、気力や意欲が減退し、抑うつや絶望感から昼夜逆転や自傷などの異常行動を示すことはよく知られています。

めぶき園では生活リズムを整えること、日中の活動を保障することに力を入れてきまし

た。昼間活動することで、夜はしっかり休めます。昼夜逆転やイライラして暴れたり、暴力をふるう行為も徐々に改善します。「〇〇しか食べない」等の偏食の激しい利用者ものびのび園で生活する中で強制や特別な指導をしなくても自然に改善します。

開園直後の建物や設備が整わないときは、近くの無量寺さんの畑を借りて農作業を始めました。経験がないためにまともな野菜はできませんでした。自然農法に取り組んでいた高瀬さんが見かねて手伝ってくれました。

立派な野菜が収穫できるようになり、保護者が週末帰宅のお迎えに来た時に玄関に並べておくと、誇らしげに自分が作ったと母親に報告していました。現在は就労継続支援A型として、4ヘクタールの農地を借りて取り組んでいます。

食　事

滝乃川学園の給食で茹ですぎてブヨブヨになったスパゲッティが出たことがありました。私が「茹でる時間をはかっているのか」と聞いたところ、まるで当然のように薄笑いを浮かべながら「はかったりはしない」との回答でした。スパゲッティは太さによって茹でる時間が違うことは素人の私でも知っているのにプロである筈の調理員が知らないことに驚きました。

施設の利用者にとって、食事は最も楽しみな時間と言っても過言ではないと思っていますが、施設の給食は往々にして出来栄えや味に無頓着に提供されています。

私は滝乃川学園でもめぶき園でも必ず給食を食べて感想を伝えるようにしてきました。不味い時は「利用者は高いお金を払っている。本当だったら食べはしない」ひどい時は「豚も食わない」などと厳しいことを言いました。美味しい時は必ず「今日の○○は大変美味しかった」と伝えるようにしました。

たまたま県外のホテルで働いていたコックさんと割烹で働いていた板前さんを調理員として採用することができました。他の調理員も刺激を受けて、腕を競って食事を作るようになりました。めぶき園には多数の研修生が来ますが、「めぶき園の食事は大変美味しい」と多くの方からお褒めの言葉をいただくようになりました。

他施設に研修に行った職員からも「めぶき園の食事の方が美味しい」と報告してくれるようになりました。

経費削減と調理部門の労務管理のわずらわしさから給食を業者に委託する施設が増えて

いますが、冷凍食品は極力使わないで美味しい食事を提供することにこだわり続けたいと考えています。

偏食

新たに入所する利用者の多くに偏食が目立ちます。中には〇〇しか食べないとか、ご飯は食べてもおかずは食べないなど極端な偏食のある人もいます。

無理やり口に入れることはしません。初めはふりかけをかけたり、小さくして食べさせたり職員がアイデアを出し合って、工夫して取り組んでいます。少しでも食べると職員みんなで褒めちぎっています。

新人の職員が根気強く取り組んでいる姿、そして食べられるようになった時、感動します。偏食のある利用者もしばらくすると色々なものを食べてくれるようになります。職員にとっても大きな感動と励みです。自閉症は偏食があるのが当然だとは思いません。

誰でも食べて美味しければ食べたいと思うのが当然だと思います。美味しい食事を提供していることと、偏食が改善することは無関係ではないと思っています。

スポーツ・登山

開園直後に犬飼町の公民館やグラウンドを借りて運動やランニングをしました。スポーツクラブ（マラソン、登山）や散歩クラブ、療育活動（ソフトボール、動作法）として現在も活動しています。

当初は私が引率して活動していましたが、自閉症者は競争意識がなく、手を前後に振ったり、走る様は立派なものの、早歩き程度の走りをしていました。

大分県知的障害者施設ゆうあいスポーツ大会に初参加した時は、どの種目でもビリを走っているのはめぶき園の利用者でした。そんな時代が数年続きました。保護者が全員応援に駆け付けるなど、応援や声援はどこにも負けませんでした。

初めて入賞者が出た時は保護者も職員も大騒ぎして喜びました。そのうち何人も入賞するようになりました。称賛されることで、走る喜びや競争意欲が芽生えたのだと思います。マラソン大会にも毎年参加しています。

私自身、登山が趣味だったことから、山頂に立った時の爽快感や達成感を味わってもらいたいと思って、妻と2人で引率して久住山や大船山に登りました。

保護者と山に登った経験のある利用者もいたようで、山頂で「ヤッホー」と言ってコダマに耳を澄ましている姿も見られました。現在は職員が引率して、大分の山を征服すべく、毎年登山をしています。

生産活動

画用紙とクレヨンがあれば始められる。お金がかからないという単純な理由でお絵かきを始めました。私などは1枚も描けば、すぐに飽きてしまうのですが、活動の時間が終了しても描き続ける利用者が何人もいました。彼らの特徴は一心不乱に描きますが、描き終わった絵には目もくれず、次の作品を描き始めることです。

開園当初は財政が厳しい状況でしたので、鉄骨スレート葺の建物（約15坪）を４００万円で建てました。建物の半分でリサイクル課として廃油石鹸を製造しました。廃油石鹸は汚れ落ちも良く大変好評でしたが、火を扱うため危険性があり、利用者の関われる部分が少なく、数年で廃止しました。

残りの半分で大分合同福祉事業団から陶芸窯の助成を受け、アマチュア陶芸家の富田先生（元校長）の指導で、陶芸課をスタートさせました。その後清水基金から助成を受けて作業棟を建て、さらに大型の電気焼成窯の助成を受けて、お皿やコップ、ビアカップ、コーヒーカップ、箸置き等の生活用品を作っていました。プロの陶芸家の山本先生の指導を受けて、利用者の個性を生かしたオブジェなども作るようになりました。

遠藤さんの作るマグカップや西尾さんのお皿や湯飲みなども好評です。

めぶき園の近くの主婦の後藤さんから、利用者に機織りのボランティアをしたいとの申し出がありました。卓上型の手織り機を持参して毎週来園されました。その後、職員に機織りの経験者がいたことから、手工芸課を編成し、機織り機を導入して本格的に取り組むようになりました。

山田さんはいろいろな色の糸を混ぜたり、大きな結び目を作ったり、ほつれた感じで織り込んでいました。キレイに織るように注意する職員もいましたが、ある日プロの機織りの作品を観たら山田さんの作品と同じような織り方がされていました。職員の既成概念を超えた山田さんの感性に職員一同感嘆しました。

生産活動として、箱折等の下請け作業に取り組んだ時期もありました。まるで職人のように見事な手さばきで作業する利用者もいましたが、納期や受注にむらがあることから、今は特別に発注があった時だけ行っています。

犬飼町内の住民の協力を得て、アルミ缶を集めて潰す作業を行っています。潰したアルミ缶はアルミ精製工場に持ち込んでいます。特注の手押しの機械や足で踏んで潰す空き缶つぶし器で潰しています。

潰す行為には爽快感が伴うようです。高松さんは次々とまるでオートメーションの機械を早送りしているように手早く潰し続けます。とても私にはできない芸当だと感心しています。

療育活動

活動を通して、自閉症状を改善できればと考えて、２グループに分けて療育活動を実施しています。野球の好きな職員が「ジャイアンツグループ」「タイガースグループ」と名付けました。

学生時代に野球をしていた職員もいますので「ジャイアンツグループ」はソフトボールを使った活動をしています。準備体操、ランニング、キャッチボール、ノック、バッティングの順番です。活動終了後はグラウンド整備もします。

キャッチボールは相手に向かって投げること、飛んでくるボールを受けること、どちらも自閉症者にとっては難しい課題でした。しばらくは職員が球拾いに走り回ることになりましたが、回を重ねるごとに徐々に上達しました。

ノックは正面に緩いボールを転がして受けてもらいます。バッティングはティースタンドにボールを置いて、止まっているボールを打つことから始めました。打てるようになったら職員が投げた球を打つようにしました。

草野球をしたことがある人はわかると思いますが、自閉症者もバッティングが最も好きなことを発見しました。眼の輝きから彼らが楽しんでいることが伝わりました。他者を意識し、集中を持続することで自閉症状改善に役立つと考えています。

「タイガースグループ」は動作法を中心に準備体操、ウォーキング、ストレッチなどを交えて行っています。動作法はスーパーバイザーの阿部京子先生の指導を受けています。

職員とマンツーマンで腕上げコントロールや躯幹のひねりなどの課題に取り組んでいます。自閉症者は他者に触られることを極端に嫌う人もいますが、動作法を通して、利用者と職員の信頼関係が培われ、職員からの課題や求めに応じやすくなります。

利用者は上手に歯磨きできない人が多く、衛生が保たれないことから、横になってもらって職員が仕上げ磨きをしています。自閉症者は他者からの介入を回避する場面が多くみられますが、抵抗なく職員に体を預けて仕上げ磨きを受けています。動作法は歯磨きや食事や活動など日常の様々な場面で自閉症状の改善に役立っています。

余暇活動

土地を購入したことで知り合った中浦さんから利用者に詩吟の指導をしたいとの申し出がありました。利用者に詩吟ができるだろうかという不安がありましたが、とにかく一度やらせて欲しいとの熱心な申し出があり、試しに指導してもらいました。漢詩を書いた模造紙を張って、1節ずつ中浦さんが吟じ、それを真似るようにしました。

自閉症者の中にはコミュニケーションは苦手でも暗算ができたり、字が読める人がいます。幸い漢詩に振ったルビは読むことができました。詩吟の朗々とした節回しも性に合っていたのか、詩吟の時間を楽しみにするようになりました。

中浦さんが体調を崩して休止した後を芦刈さんが引き継いで続けました。詩吟の大会にも何度も出ました。

詩吟の大会は日曜日に行われ、日曜日は利用者にとって週に一度の帰宅日ですが、詩吟に参加している利用者全員が詩吟の大会への参加を選びました。

残念ながら芦刈さんも体調不良とご高齢で現在は活動を休止しています。

九州・山口自閉症施設協議会の研修で三気の里の利用者のハンドベル（ミュージックベル）演奏を見て、近藤支援員がハンドベル隊を結成しました。

近藤支援員は本格的に音楽を経験したことはありませんでしたが、楽譜を暗記し、指差しと手ぶりでハンドベルを鳴らすタイミングと鳴らし方を伝えて次々と新曲に挑戦し、レパートリーも増え、揃いの黒ズボン、ワイシャツ、ベスト、蝶ネクタイで決めて、豊後大野市主催のふれあい音楽祭や様々な会に招待されて出張演奏するまでになりました。

彼らのひたむきで真剣な姿に感動して涙ぐむ人もいました。近藤支援員がどんこの里の施設長になり、そのあとを引き継ぐ人がいないために残念ながら活動を休止しています。

指揮者の指揮に合わせて、他者と歩調を合わせて演奏することは自閉症状の改善にも大いに役立つことから、近藤施設長の後を継ぐ人財の出現を待っています。

ハンドベル隊の結成と同時期に大分合同福祉事業団からの助成を受けて、和太鼓を購入し太鼓クラブを結成しました。和太鼓の経験者はいませんでしたが、木下支援員が独学で指導しました。

和太鼓は何台か同時に叩くことから叩くタイミングを合わせることと、振り付けというのでしょうか、ビシッと感を出すのに苦労していました。それでも叩ける曲ができて、めぶき園まつり等の演奏の機会がありました。

間をとりながら、他者とタイミングを合わせて叩くことは自閉症者にとって大変困難なようでしたが、真剣に楽しんで自発的に活動に参加しました。ハンドベル同様に自閉症状の改善に役立つと思います。

その後、「いぬかいこども園」の職員に和太鼓経験者が採用されたことから、こども園の年長さんが太鼓演奏をしています。

子どもの頃から犬飼町の犬江太鼓のメンバーで、めぶき園に就職した現在も活動を継続している渡邉支援員が利用者の和太鼓チームの再開に向けて準備を進めています。

こうした活動を通して、彼らが舞台に立ったり、人に注目され、称賛されることをとても喜ぶことを知りました。

アトリエMOE

珈琲を楽しむ店「ばんぢろう」のマスターから、お店での展覧会を提案されたことがきっかけで、展覧会を開くようになりました。大分県立美術館、大分市立美術館、アートプラザ、エイトピアおおの、民間のギャラリー等で年に数回の展覧会を開催し、利用者の作品をTシャツ、クリアファイル、エコバッグ、ポチ袋、装飾品に加工して販売もしています。

山田さんの絵をモチーフにしたTシャツは豊後大野市のふるさと納税返礼品に採用され、矢野さんの動物の絵がアフリカンサファリの公式グッズに採用されました。機織り作品は装飾品としてそのまま飾ったり、服や帽子、マフラー、筆箱、ストラップ等に加工して販売しています。陶芸作品のカップや箸置き、お皿等の生活用品やオブジェ等も好評です。

平成28年6月には、画家木村先生はじめ多くの専門家の協力を得て前年4月に開館した新しい県立美術館「OPAM」で「アトリエMOE展」を開催しました。5日間の日程で開催し、大きな反響を呼び、来場者が途切れることなく訪れ、期間中の総入場者が1500人を超えました。

なごみ園やどんこの里でも創作活動に取り組むようになり、ホームページを作成し、アトリエMOEとして活動しています。ホームページでは作家さんの作品やプロフィール等も紹介し、オンラインショップも開始しました。

「インスタグラム」で紹介しためぶき園の秦亮太朗さんの作品がフランスでギャラリーを営むアーティストのアレクサンドラ・デュプレさんの目にとまり、アートフェア「アールブリュット　ジャポネ」への参加を依頼され、令和2年10月中旬から約2ヶ月間展示され、来場者にも好評で、作品が買い上げられました。

西尾さんは、コロナ禍で行事が次々と自粛される中、度々空に向かって「コロナウイルスどっか行け!」と叫びながら「コロナちゃん」と称する土人形を次々と作り続け、コロナの早期終息を願う気持ちがこの人形に込められているかどうか、真意のほどはわかりませんが、「コロナちゃん人形展」を開催しました。兵馬俑のように並ぶと壮観です。土人形をモチーフにしたTシャツも好評です。

令和3年度は法人設立30周年記念事業として、県立美術館「OPAM」で「アトリエMOE展」、作品写真集発行などを企画しています。

第4章

現場実践に学ぶ

1 滝乃川学園時代のエピソード

待っ

滝乃川学園では、下着や靴下、ワイシャツの手洗いを指導していました。いつもと同じように指導していたところ、サトシ君（仮名）が洗濯物を置いたまま、外を指差して何事か訴えながら洗濯場を出て行こうとしました。

私は「早く洗濯をしなさい」と言いたくなる気持ちを抑えて、何をしたいのだろうと思いながら、サトシ君の後をついていきました。彼はまっすぐリネン室に行くと新しい固形石鹸を手にして、私を見てにっこり笑って抱きついてきました。洗濯場の石鹸を見ると、使い古して固く薄くなっていました。彼は自分の気持ちをわかってくれたという喜びを抱きつくという形で表現したのです。

私たちは、指導しようとか、訓練しなければならないという思い込みが強いあまりに反射的に叱ったり、注意してしまい、ほんの少し待つことが案外難しいのです。

このケースで私が「洗濯をしなさい！」と叱っていれば、彼は怒って石鹸を投げつけて、洗濯場を飛び出したかもしれません。「固くて薄い石鹸では汚れを落とせない」と思った彼の気持ちは一生わからなかったと思いますし、私に抱きつくという心の交流も生まれませんでした。

この点に関しては、私自身の未熟さのために、多くの過ちを繰り返しました。正直に告白すると、自己中心的でせっかちな私は、今でも相手の気持ちを尊重することや「待つ」ことがとても苦手です。

あの時、もし「洗濯をしなさい！」と叱っていれば、間違った対応をしてしまったこと自体に気づかなかったと思います。実はここのところが支援者の課題だと思います。

寄り添う

ヒロシ君（仮名）は、障害児学級を卒業して就職しましたが、すぐに頭が痛いとか、お腹が痛いと言って仕事に行かなくなってしまいました。朝はなかなか起きてこなくて、ぐずぐずしているのですが、昼近くに起きてきて、小さい子どもを苛めたり、時には鶏の首を締めて羽根をむしったりしました。

担当職員は、そんな彼をどうしようもない怠け者だと言って、「ダメ男」とか「ダメ人間」等と呼んでいました。毎日ぶらぶらしているので、私が担当している作業班で見ることになりました。

作業棟に出てこないので、生活寮に問い合わせると、お腹が痛いと言って寝ている。仮病に違いないという返事でした。

私は彼の部屋に行って、寝ている彼の傍らに座って、心配そうに手を握って、「ここが痛むんか」と言いながら、痛いと言う場所を撫でたり擦ったりしました。一時間近くもそうしていたでしょうか、彼は「もう治った」と言って立ち上がり、作業棟にきました。

それからは一度も休むことなく、毎朝、私を職員宿舎まで迎えに来るようになり、作業時間が終わってからも私の仕事を手伝ってくれるようになりました。

数ヶ月たってから、私は彼に就職にもう一度挑戦してもらいたいと思って、職安に行って求人カードをめくり、彼が勤められそうな事業所を探しました。針金にビニール皮膜を被せる町工場に直接就職をお願いしました。

はじめのうちは私が同行して仕事を教えながら一緒に働き、徐々に半日、時々見に行くだけにしました。彼はこの工場に定着して給料をもらえるようになりました。同じ手口で、他にも何人かを就職させることができました。今でいうジョブコーチです。

彼は、軽度発達障害でしたが、家庭環境に恵まれなかったために、幼児期から滝乃川学園で育ちました。当時の滝乃川学園には彼と同じような境遇の子どもが大勢いました。

彼らは中学校を卒業し、15歳で社会の荒波に出て行かなければなりませんでした。頼るべき親もなく、心の拠り所もなく、どんなに心細かったかわかりません。そんな気持ちを理解しないままに「ダメ男」や「ダメ人間」等と叱咤激励されて、仕事に行けなくなったのだと思います。

そんな体験のない私に彼の辛さや本当の気持ちが理解できたわけではありませんが、彼の気持ちに寄り添ったことから、私を頼りにしてくれたのです。

彼はその後、通勤寮に移って、仕事にも定着し、通勤寮を出て、アパートでひとり暮らしを始める矢先に通勤寮主催の海水浴で水死しました。

抜け出し

職員の隙を見て、夜中に頻繁に居室を抜け出し、捜索しても見つからず、遠くの警察署で保護される利用者がいました。彼を見張り続けているわけにもいかないので、彼にとって職員に見つからないように抜け出すことは容易だったようです。

抜け出して警察署で保護された後にいくら叱っても、出てはいけないと口を酸っぱくして諭しても効果はありませんでした。

ある日「今日は抜け出すかもしれない」との予感が働きました。抜け出す経路が分かっていましたので、見ていないふりをして、先回りして止めました。彼の前に私が立っていたのは、全くの想定外だったようで、大変驚いた様子でしたが、その後、抜け出す行為がなくなりました。

この場合は抵抗することはありませんでしたが、ケースによっては、何がなんでもやり通そうと激しく抵抗することもあります。そうした場合は止めることが難しいこともありますが、行為を成し遂げる前に張り合って止めることが有効だと思います。完全に止めきることができた行為はその後やらなくなるということを数多く経験しています。叱責や体罰では効果はないと考えています。

暗黙の了解

ある利用者が空き家に忍び込んでお金を盗みました。青春ドラマの影響を受けていた私は少々格好をつけて「悪いことをしたと思っていないのなら、私を殴ってみろ」みたいなことを言って叱りました。お金を盗むという悪いことをしたわけだから、殴ったりできない筈だと思っていましたが、彼は「私を殴れ」と言われたと受け取っていきなり殴りかかってきました。暗黙の了解や比喩は通じないと思い知った出来事でした。

悔　悟

ある利用者に職場実習をさせたところ、体の外見は立派なのに、荷物を持たせるとフラフラとよろけて仕事にならないことから、剣道や腕立て伏せ、腹筋などのトレーニングを取り入れて、鍛えました。

私自身もトレーニング機器を購入して、体を鍛えることに夢中になっていた時期でした。腕立て伏せも腹筋も100回連続で軽々とこなす程度に鍛え上げました。

体を鍛えて就職させたものの、当時は地域生活支援事業もグループホームもありませんでしたから、彼らの中には生活が破綻して、窃盗などの犯罪行為に走ったり、行方不明になった者もいました。

そのうちの一人は、仕事はできても、生活面で自立することは難しいと思われたことから、ある成人施設に措置されましたが、入所者全員が丸坊主で作業着というそこでの生活に馴染めなくて、施設を抜け出して滝乃川学園に舞い戻ってきてしまいました。

何度も繰り返して、成人施設を措置解除されて、やむなく園内の空き部屋を借りて、職員が交代で世話をしましたが、それも行き詰まってしまったことから、「ひゅうまん運動」時代の仲間が主宰している共同生活の場へ依頼して、私も休暇を取って1ヶ月間一緒に過ごしました。

私が一緒にいる間やしばらくの間は上手くいくのですが、1年以上もそんなことを繰り返したのち、結局は定着できず、交通費や滞在費の全てを私が個人的に負担していたので、私自身の生活が成り立たなくなったことから、最終的には手を引かざるを得なくなりました。

その後、彼は留置場に入れられたり、精神病院に入院させられたりしました。自分の限界を思い知る痛恨の出来事でした。

オミノ君の死

私が滝乃川学園に就職してまだ間のない頃でした。オミノ君と言う中度の知的障害の子どもがいました。当時は、外出することも買い物する機会も殆どありませんでした。園を抜け出して、駅前のお店でチューインガムをとって食べるという行動が頻繁に見られるようになりました。

チューインガムは飲み込んでしまうという理由と吐き捨てるとべたべたくっついてしまうという理由で園のおやつに出ることはありませんでした。チューインガムにこだわるようになった理由は定かではありませんが、何かの機会にチューインガムを食べてその味や感触が気に入ったのかもしれません。

何度も抜け出してお店から電話がかかって連れ戻しに行った。たったそれだけのことで、精神病院に入院させることになりました。

精神病院での患者さんに対する過剰な薬物投与が社会的問題になっていた時期でしたから、当時の私は精神病院に対して、ネガティブな印象しか持っていなかったこともあって、朝の職員ミーティングで反対しました。「五十嵐さんは担当でもないのに口出ししないでほしい」と言われ、しかもそう言ったのが管理者ではなく、同じ組合員だったので反対しづらくなって、黙ってしまいました。

私の他にも反対の職員がいましたが、みんな当事者ではなく、その後におきることを誰も予想していなかったので、そのまま入院させてしまい、数日後、病院で突然死しました。黙認した者も含めて私たちが殺してしまったようなものです。

通夜は明け方まで泣き明かし、このことに対しての反省集会も開きました。

利用者の命や人権に関わることより、私たちは職員の人間関係を円滑に運ぶことを優先させてしまったのです。その結果、彼を死なせてしまいました。担当職員はそれをきっかけに退職しました。

利用者の命や人権を守ることは何にもまして優先されるべきですが、そのことを実行することは大変な決意と勇気のいる行動です。私たちは命をお預かりしていることを忘れてはならないと思います。

大失態

滝乃川学園では毎年キャンプを行っていました。当時は子どもが寝静まってから酒盛をするのが恒例になっていました。地引網にかかった魚を私が料理して、酒盛が始まりました。魚が新鮮だったこともあって宴会は大いに盛り上がりました。

担当職員は女児が眠ったと思って部屋を出たのですが、職員がいなくなった後に荷物入れを漁って、向精神薬を大量に飲んでしまいました。酒盛どころではなくなりました。キャンプを中止し、救急車を呼んで病院に搬送し、胃洗浄をして一命はとりとめましたが、二日間昏睡状態が続きました。プロとして恥ずべき大失態です。

もぐりっこ

滝乃川学園では、毎年朝日新聞厚生文化事業団主催の朝日保田臨海学校（3泊4日）に参加していました。私も付き添いとして何度か参加しましたが、ある年、重い知的障害で自閉的なダウン症の青年を担当しました。それまで彼を担当したことはなく、関わったことも、彼に対しての知識もありませんでした。

波が高かったため、海には1度も入れませんでしたが、毎日、午前・午後の2回プールに入りました。勿論彼は泳げませんが、私は彼が手を取り合って、息を止めてプールに潜り、一緒に顔を上げて見つめ合うという遊び、それは偶然発見した遊びでしたが、とても喜ぶことを知って、寝食を共にしながら、臨海学校の間中一緒に遊びました。

そのことがあってから、彼と私との間に友情のような感情が生まれました。私を見つけるとニコニコしながら近づいてきて、握手を求めるようになりました。

彼は対人関係が苦手で、こだわりが強く、気に入らないことがあると不機嫌になって暴れたりすることがありましたが、そんな時でも私を受け入れてくれるようになり、言葉は出ませんが、私に何事かを訴えて落ちつく場面がみられました。

数年後に木工班で彼を担当しました。障害が重く、作業能力は高くありませんでしたが、私の指示や求めに対して、彼なりに精一杯応じようとしている様子がひしひしと伝わってきました。

2 めぶき園でのエピソード

ハミング

めぶき園は毎年1泊2日の林間キャンプを行っていました。私はトシオ君（仮名）と同じグループになり、キャンプ場の周辺をウォーキングしました。彼が音楽を好きだったことから、彼が知っていそうな曲（主に童謡）を口ずさんでみました。彼もつられて歌い、歩きながら楽しく何度も繰り返し歌いました。

彼は人と打ち解けることがなく、特定の利用者に反応を楽しむかのような執拗なチョッカイや、相手の感情に過敏に反応して、怒り出し、殴る、蹴る等、大怪我をさせかねないような、激しい他害行為があるためにいつも職員が神経を使っていました。

このことがあってから、私が出勤したり、退勤する時は気配を察してニコニコと玄関まで出迎えて握手をしたり、見送ってくれるようになりました。すれ違う時も目線や手を合わせたり、くすぐる等の挨拶を交わす。そんなことがあってから、少しずつ落ちついて、暫くして他利用者や職員に対しての他害行為が見られなくなりました。

ミラーニューロンの発見

臨海学校やキャンプで「もぐりっこ」や「ハミング」を共に楽しむことを通して、ごく短期間で友情のような深い信頼関係が生まれました。1度成立した信頼関係は作業や日常生活などの様々な場面で有効に機能しました。

1996年にイタリアのパルマ大学のジャコモ・リゾラッティらによって、ミラーニューロンという他者の意図理解や共感に関わる神経伝達物質が発見されました。「もぐりっこ」や「ハミング」を通してミラーニューロンが活性化されたことによって共感性や信頼関係が深まり、行動障害が改善されたことが科学的に実証されました。

受容的交流療法はエビデンスが無いという意見がありますが、ミラーニューロンの発見によって科学的に裏付けられたと考えています。

石井先生が受容的交流療法を発表した時や私が即興的に「もぐりっこ」や「ハミング」の遊びをした時にはミラーニューロンという神経伝達物資は発見されていませんでしたが、

石井先生は遊びや情緒的交流を通して共感性が育つこと、行動障害や自閉症状が改善することを実践的に体感していたのだと思います。

食事①

トシオ君（仮名）は同じテーブルで食事をしている時に、薄笑いを浮かべながら、「鼻くそ」を丸めてつけるマネをして、相手の反応を楽しむ行動がありました。叱ればますます執拗になる。どうしたらよいのか分かりませんでした。

あるとき赤ちゃんの鼻が詰まったとき、母親が鼻汁を吸いだすことを思い出して、彼のことを本当に「いとおしく」思っていれば、例え「鼻くそ」であっても汚いとは思わないかもしれないと考えて、差し出した「鼻くそ」を「ペロッ」となめるマネをしたところ、ニコッと笑って、それ以来しなくなりました。

食事②

別の利用者で決して本当に欲しいわけではないにもかかわらず私のおかずを取るマネをする人がいました。彼は他にも色々ないたずらをしますが、実はこれまで散々叱られていました。

おかずが欲しいのではなく、叱られることを楽しんでいる。叱れば叱るほど執拗に繰り返す。「欲しいのだったらあげるよ」という対応をしたらそういう行動がなくなりました。ただこれには相手の気持ちや状況を良く見極める必要がありますので、どんな場合でも同じ対応でいいと言うわけではありません。マニュアルが通用しないところがこの仕事の難しいところであり醍醐味です。

イスの気持ちになる

アキラ君（仮名）は食堂のイスを投げて、まるで壊れるさまを楽しんでいるかのようでした。何度注意しても「ごめんなさい、もうしません」とは言うもののイスを投げる行為が止まりませんでした。

彼を抱き上げて「君はイスだ」「君はイスだ」と言いながら2・3回くるくると回転しました。それ以後はイスを投げる行為がなくなりました。ロール・プレイングの応用ですが、彼は投げられる椅子の気持ちを理解したのだと思います。

噛みつき①

頻繁に職員に噛みつく利用者がいました。新人職員はみんな噛みつきの洗礼を受けました。職員会議で噛みつきについて話し合ったところ、新人職員から「何度も噛みつかれているので、怖くなり身構えてしまう」という発言がありました。

先輩職員から「自分も新人の頃は噛みつかれ、恐怖を感じていたが、関係が深まったことで怖いと思わないようになったら噛みつかれなくなった」との助言がありました。この話し合いの後、新人職員も噛みつかれなくなりました。つまり噛みつかれるのではないかという恐怖感が噛みつくという行為を誘発していたのです。

噛みつき②

噛みつきがある人に、自分に噛みつかせて、噛みつきたいという欲求を満たすことで、他の人に噛みつかなくなるのではないかと考えて、自分の腕に噛みつかせていたら、通りすがりの見ず知らずの人にも噛みつくようになってしまった。どうすればいいかという相談がありました。

貴方に噛みつくことを認めたことで、噛みついても良いと誤学習したので、噛みつかせないようにしてくださいと助言しました。しばらくして噛みつきがなくなったとの報告がありました。

噛みつきや暴力行為はどんな理由があるとしても、毅然と止めることが最も有効な方法です。

掃除機

掃除機が頻繁に壊れ「壊さないで」と何度注意しても壊れてしまいました。利用者一人ひとりの掃除機の扱い方をチェックしました。そうすると全ての利用者が掃除機を壊しているわけではないことがわかりました。

誰がいつどんな風に扱った時に壊れているか丁寧にチェックして、その場面で支援することに取り組んだ結果、掃除機が壊れる頻度が減少しました。

夜　尿

毎晩夜尿する利用者がいましたので、夜間にトイレ誘導することに取り組みました。その結果夜尿の頻度が約50％程度まで減少しました。トイレ誘導に取り組んだことで、一定の成果があったわけですが、さらに一歩踏み込んで、夜勤職員毎に夜尿の頻度を集計しました。

そうしたところ、A職員の時は０％で、B職員の時は１００％の確率で夜尿がありました。この結果を踏まえて全職員が具体的にどのような支援をしているのかを話し合ったことで、どの職員の時もほぼ１００％夜尿がなくなりました。

ただ、ここで夜尿が多かった職員の名誉のために言っておきたいのは、よく夜尿されていた職員がトイレ誘導をサボっていたわけではありませんでした。むしろ毎夜夜尿があることで、神経質になって頻繁にトイレ誘導していたことが分かりました。

つまり何ごとも絶妙のタイミングがあるのです。

放尿①

自室で放尿する利用者が3名いました。何度注意しても放尿はなくなりませんでした。一人目の方は本人に気づかれないように24時間体制で観察して放尿する時間を記録しました。放尿が見られる時間の少し前に訪室し、トイレに誘導し、トイレでできたら褒めるようにしました。暫くして自室での放尿はなくなりました。

放尿②

二人目の方は放尿の時間を記録しましたが、時間がばらばらで、トイレ誘導をしても全く効果がありませんでした。マーキングするように自室の同じ場所に放尿し、畳が焦げ茶色に変色していました。

苦肉の策として、ふき取りやすくすることと、部屋が臭くなるのを防ぐために放尿する畳をビニールで覆ったところ、放尿がなくなりました。その後、ビニールを取っても放尿しなくなりました。

放尿③

三人目の方は昼食後に必ず自室で放尿しました。トイレ誘導も効果なく、放尿する場所も決まっていなかったので、1週間ほど昼食後の休憩時間を食堂で過ごしてもらうようにしたところ、自室で放尿する行為がなくなりました。

自室で放尿するという行為であっても一人ひとり有効な支援の方法が違いました。

この実践から一人ひとりに合わせた様々な工夫が必要だと知りました。

注射

注射を怖がって暴れるので、インフルエンザの予防注射をすることが困難な利用者がいました。

私も注射は苦手で、注射をする時は目をそらして見ないようにしていましたので、私の体で注射針を刺すところが見えないように覆い隠したら、怖がらずに注射をすることができました。

注射針を刺す痛みよりも刺そうとしている場面を見ることで、恐怖感が増すという私自身の体験から思いついた支援でした。このことはミラーニューロンの発見により科学的に立証されました。

歯科治療①

歯科治療は多くの利用者にとって恐怖の体験です。治療中に嫌がって頭を動かすために治療ができない利用者がいました。

入所前から同じ歯科医院を受診しており、騒いだり暴れたりしたらお菓子をあげてなだめながら治療していると聞いていましたので、何とか治療を受けられるようにしますので、治療が終わってからお菓子をあげるようにしてくださいとお願いしました。

動く寸前に間髪入れずに「動かない」と言葉かけを繰り返し、何とか治療が終わった後に褒めてお菓子をあげました。治療を重ねるうちに、落ち着いて治療が受けられるようになりました。

騒いだり暴れた度にお菓子をあげると騒げばお菓子がもらえると学習しますが、全ての治療が終わってからお菓子をあげることで、落ち着いて治療を受ければ、お菓子を貰えると学習します。例え短い時間であっても「動かない」という声かけに応じられたのは、私との一定の信頼関係があったからだと思います。

歯科治療②

コミュニケーションは取れますが、やや頑固な一面がある女性の利用者がいました。看護師から「嫌がって口を開けようとしないので治療できなくて困っている」との報告がありました。

私が歯科治療に付き添うことにして、往きの車中で、「昔々あるところにそれはきれいなお姫様がおったそうな、お姫様は歯医者さんがたいそう嫌いで、えーん、えーんと泣いて困らせたそうな・・・」というような作り話を面白おかしくしたところ、「えーん、えーんと泣いたそうな」というくだりになると大喜びし、何度か同じ話を繰り返したのちに「うちはそんな弱虫やないもん」と言って実にけなげに頑張って、大人しくその日の治療を受けることができました。

車道に飛び出す①

外出中に頻繁に車道に飛び出す利用者がいました。慣れない職員は緊張して手を強く握りしめますが、緊張感が伝わり、手を振り払って車道に飛び出します。

私はいつでも止められるように心の準備をして、手を離して平常心を保ちながら並んで歩き、飛び出す寸前に間髪入れずに止めることで、私と歩いているときは車道に飛び出す行動がなくなりました。

車道に飛び出す②

週末帰宅時に下車した駅から、自宅まで赤信号も車も無視して走ることにこだわり、母親は止めることも追いつくこともできないので、何とかできないだろうかという相談がありました。

職員が2人付き添って赤信号は止まるように、走らないように支援したところ、それ以後は母親の付き添いで何ごともなく帰宅できるようになりました。

予定変更や活動終了にスムーズに応じる

自閉症者は待つことが苦手だと言われますが、めぶき園では食事やおやつ、お風呂に入る順番を整然と並んで待つことができます。同じように予定変更や活動の終了も受け入れることができます。

夏の暑い日にプールに行った時、学術研究のために同行していた大学の先生が、とても暑くて楽しそうに遊んでいるので、活動を終るときは一悶着あるに違いないと思っていたら、職員の「終わります」の一言で、全員が粛々とプールを上がったので大変驚いたと論文に書いています。

活動中も「休憩します」というと、机に伏せたり、立ち上がったり、思い思いに休憩の体勢をとります。そして「作業を始めます」というと粛々と作業を開始します。職員が大声を出したり、叱る場面は殆どありません。

支援のコツは肯定的に伝えることです。見通しさえ持てれば辛抱強く待つことも、予定の変更も受け入れることができます。時には私よりはるかに辛抱強く待つことができるとさえ思うことがあります。

刺激から遮断する①

真冬の寒い日にもかかわらず、自室の窓を開けてしかも布団も掛けずに寝る利用者がいました。何度注意して窓を閉めて布団を掛けても、次に見回りに行くと、又窓を開けて布団を掛けないで寝ています。よく風邪をひかないものだと妙な感心もしましたが、ケース会議で話し合いました。

名案はなく、窓を壊してガラスを割るかもしれないと心配する意見もありましたが、ファスナーキーをつけて夜間に窓が開かないようにしたところ、窓を壊すこともガラスを割ることもなく、窓を開けて寝る行為がなくなりました。

刺激から遮断する②

帰宅時に夜中に起き出して、自宅の冷蔵庫や台所にあるものを大量に食べるので困っているという保護者からのご相談がありました。鍵を付けて台所に入れないようにしたら夜中に起き出して食べる行動がなくなりました。

刺激から遮断する③

自由時間に園庭に出て、石や枯れ枝などを耳に入れる利用者がいました。何度も耳鼻科を受診しました。外耳を傷つけたり、鼓膜が破れると大変なので、厳しく注意しましたが、石や枯れ枝を耳に入れる行為が止みませんでした。

「耳に物を入れるので、入れなくなるまで園庭に出ることを禁止します」と言って一週間一人で園庭に出ることを禁止したらその行為が無くなりました。

補助自我

僅かな隙をついて職員の手をすりぬけ、呼びかけても止まらず、多い日には数十回の疾走が見られ、崖をよじ登り、藪や林を駆け抜けて、川に飛び込むこともありました。

衣服の着脱は可能ですが、衣服を身にまとうことを嫌がり、着せた直後には食い破って引き裂き、脱ぎ捨てる。スーパーやレストラン等外出時にも同様の行動が見られました。

発語はなく、身振りをともなう日常的な指示はいくらか理解しているようですが、応じることはできず、雑巾がけ等の簡単な作業も殆ど持続しませんでした。

他人が体に触れることを嫌がり、したくないことや、本人にとって不快な刺激に対しては、奇声をあげて興奮し、逃げ回ったり、職員の手を取って激しく打ち合わせたり、顔叩きや壁への頭突き等の行動が頻繁に見られました。

多動、疾走については、本人の様子をよく観察して、飛び出そうとする直前に「止まって」「靴はいて」等の声かけを行い、可能な限り事前に阻止するとともに、夜間や活動中は連れ戻し、今は出られない時間であることを繰り返し言い聞かせました。自由時間は園周辺を散歩する等、外出の機会を積極的に取り入れ、裸足で飛び出した時は連れ戻し、玄関から靴を履いて出直すようにしました。

破衣、脱衣については、裏返しでも、後前でも、とにかく衣服を身につけることから始めました。衣服を脱ぐような素振りを見せた場合は事前に阻止し、脱ぎ捨てた場合はすぐに着させ、破り捨てた場合は着替えさせるようにしました。

厳しく叱ることは効果がないばかりでなく、職員との信頼関係を害うと考え、できる限り穏やかな態度で粘り強く服を差し出したり、着るように促しました。

活動場面では、職員との信頼関係を形成すること、おちついて活動の場に参加することをねらいとして、過剰な働きかけを避けて、ごく短時間でも応じられればよしとしました。

過剰な圧力をかけたり、無理強いを避けて、信頼関係を築きながら、徐々に働きかけ続けた結果、多動、疾走、破衣、脱衣等の行動障害が殆ど見られなくなりました。また活動場面でも分業化や課題の伝え方を工夫し、徐々に進めた結果、活動時間中、椅子に座って取り組むことができるようになりました。

私たちは、「人権を守る」というベースに立って、補助自我として彼に付き添い、彼の可能性を信じて、その都度こまやかにさりげなくとるべき態度や行動を伝えました。「閉じ込められたり、酷いことをされない」という彼との信頼関係が彼の成長と自我の発達を支えたのです。

私たちの目指す自閉症療育に近道やバイパスはありません。愛情をもって人間らしく関わっていくことを通して、信頼関係を深めて、お互いに成長するという相互作用こそが行動障害を改善する自閉症療育の鍵なのです。

暴力行為の激しいケース

支援者の声かけや誘いに応じることができず、活動にも参加せず、顔を伏せて全身を小刻みにふるわせながらうなり声をあげ、頻繁に他利用者や職員を引き倒して、掴みあげたり、噛みついたりしました。

大柄で力も強く、開園当初は職員が痣だらけになることもめずらしくなく、投げ飛ばされて骨折して入院した職員もいました。

彼のこうした行動はこれまでのおどしや体罰等による指導や、彼の暴力を怖れて腫れものにさわるように接してきたことに原因があると考えて、おどしや体罰等の暴力で接しない。暴強制はしないが、本人の気持ちや意思に配慮しながら働きかけや誘い方を工夫して、暴れた場合には彼も周りの人も怪我をしないように寝かせて、なだめて落ちつかせるようにしました。暫くして、こうした行動が大幅に減少し、活動にも積極的に参加するようになりました。

開園当初は居室で布団をかぶって閉じこもっていることが多く、他利用者の奇声、職員の声かけ、時には近くを通る気配さえも拒絶しているように見えました。

母親は小学校時代の体罰が原因だと考えていたようです。以前入所していた児童施設ではなるべく怒らせないようにして、不機嫌なときは近づかないようにしていたとのことでした。

どんな理由があっても体罰や暴力はいけないというのが当園の考え方です。「しばらく待っていると応じてくれる場合もあるので、しばらく時間をおいて誘ってみる」「別の人が誘ってみる」「強制的な言葉はさける」などとケース会議で話し合って働きかけや誘い方を工夫したり、作業のメニューは本人の希望を参考にして、彼の感情に巻き込まれないように注意しながら、暴れた場合はただ取り押さえるのではなく、力を受けとめながら本人が情動のコントロールを学習することを目標に援助しました。

彼はその後、法人内のグループホームに移ることが決まり、卒業証書を渡しました。卒業証書を受け取って、職員に「ありがとうございました」と礼を言いました。同席していた野上支援課長（現・めぶき園施設長）は「彼の成長を亡くなったご両親がきっと喜んでいるに違いない」と涙ぐんでいました。

情動コントロール

激しく興奮し、他害や自傷、器物破壊などを伴う場合に、ニューカウンセリング理論や動作法の考え方を取り入れて支援することで、利用者自身が情動をコントロールすることを学習します。

激しく暴れている場合などに、周囲の安全性に配慮し、危険物は取り除いて横たわってもらいます。利用者も支援者も怪我をしないために、一人で対応することが困難な場合は、複数の支援員で利用者の感情に巻き込まれないように、穏やかな温かい気持ちで冷静に対応します。

支援者を押しのけたり、払いのけたり、噛みついたり、殴ろうとすることもありますが、力を抜いて、静かに横たわることを課題として求めます。この場合に大声で叱りつけたり、闇雲に抑え込むことは利用者を益々興奮させてしまい逆効果なので、説教口調にならないように、「動かないで」とか「力を抜いて」などの短く簡潔な声掛けをします。

体に接していると、力が入ったり、抜ける様子が伝わりますので、力づくで押さえつけるのではなく、力加減を調整して張り合って止めます。この感覚はニューカウンセリングの演習で学びました。

力が抜けたのを感じたら「そう、そう」と承認し、力が入ったのを感じたら「力を抜いて」を繰り返し、穏やかに横になっていることができたら「よく頑張ったね、えらいね」と大いに褒めます。褒められることによって情動をコントロールする過程を学習し、興奮しそうになっても自ら落ち着くことができるようになります。

暴力行為や自傷、他害、器物破壊などの行動に対して、これまでは叱りつけたり、時には体罰に至ることもありますが、ここで提案した方法だと、一度も怒鳴ったり、叱りつけたり、ましてや体罰に至ることもなく、「偉かったね」と褒めて終ります。

最長で1時間ぐらいかかることもありますが、時間がかかっても必ず落ちつくと確信しています。知的障害の重い方、行動障害の激しい方ほど効果があったように思います。行動障害を「困ったことだ」と捉えるのではなく、「療育のチャンス」とポジティブに捉えることが大切です。こうした取り組みで多くの方の行動障害が改善されました。

私たちも初めからここで述べたことができていたわけではありません。感情的になって、どなったり、叱りつけたりしました。力づくで押さえつけたこともありました。多くの失敗を重ねた結果、ここで述べたような考え方と方法に到達したのです。

私たちはいつも冷静でいられるとは限りません。職員の経験や能力によっても必ずしも完全とはいえません。よりよいものを目指して取り組んでいる段階です。

叱ったり、圧力をかける方法でも一時的には効果がありますが「叱られるからやらない」「怖い人がいるからやらない」のであって、自ら情動をコントロールするのとでは天と地ほども違います。

職員が利用者と接する時の姿勢や態度、利用者との関係性や支援のあり方を学んだことで、こうした取り組みを必要とするケースは稀になりました。

張り合う

あるとき活動が終わって30分以上も経っているのに机にしがみついて、椅子に座り続けて動こうとしないので困っているとの連絡がありました。活動棟に行ってみると、必死の形相で机にしがみついていました。

昼食の時間でしたから、「立って食堂に行きましょう」と言って張り合い始めました。つまり無理やり引き離そうとするのではなく、椅子から立ち上がることを求めながら、彼の肩に手をあてて、立つ方向に向けて張り合ったのです。はじめは立たされまいとして力が入りましたが、少しすると力が抜けました。

すかさず「そう、そう」と応じながら張り合っていると、自ら立ち上がり、活動棟の出口に向かい、そのまま食堂まで歩いていきました。「えらかったね」と褒めました。数分間の出来事でした。

力ずくで引き離すことも可能だったかもしれません。席を立つという結果だけをみると同じだと思いますが、力ずくで立たせたのでは、自らの意志が働いた実感がありませんし、無理強いされたという支援者との対立的な感情が生じます。

ここで述べた方法の場合は、席を立って食堂に向かった行動は支援者の求めに応じて、自らの意志が働いたことになります。褒められることで支援者との間に肯定的な関係が育ちます。

その後は席を立たないという行動はみられなくなりました。この取り組みは様々な場面で応用できます。

打ち込む

リョウタ君（仮名）は、特別支援学校中等部を卒業してめぶき園に入所しました。特別支援学校在学中にめぶき園で施設実習し、母親から卒業したらめぶき園でお仕事をすると聞かされていたので、本人なりに入所する日を心待ちにしていたようです。すでに顔見知りになっていた職員に迎えられて、笑顔でバンザイをして玄関をくぐりました。

入所当初は、何ごとにつけてもこわばった表情で「〇ですか、×ですか」と脅迫的に連呼する姿が頻繁にみられました。園内のシールというシール、お客さんのバイクの自賠責保険のシールまで剥ぎ取ってしまい、電話帳を破って便器に投げ込む行動もありました。

否定的な評価をしないようにして、デパートの進物用の箱を職員の3倍ものスピードで折ることができたことから、認められ、やがてリネン会社に職場実習に行くようになって、そこでも仕事ぶりが認められ、徐々にそうした行動が消滅しました。

自閉症や知的障害の人たちと長年接していると、どんなに障害が重く、行動障害が激しくても、生きがいを持ち、人に認められたいと思っている彼らの気持ちが痛いほど伝わります。

彼らは長年、ネガティブな体験や否定的な評価を体験したことで傷ついて、拒否的な態度や行動障害を呈しますが、人から認められ、評価されることで、彼らの表情や行動が大きく変化します。

私は人間だけでなく、命がけの困難な遡上の末に産卵し、一生を終えて命を繋ぐ鮭に見られるように、生きとし生けるもの全てが生産的で前向きな指向性を持っていると考えています。

活動を通して自己実現することは彼らの人生において、経済的な自立以上の意味を持っていると考えて、様々な活動に取り組んでいます。

家庭崩壊から1日で立ち直ったケース

O福祉事務所のケースワーカーから、ユウヘイ君（仮名）が大暴れして、お母さんが大怪我をし、両親は近くの親戚宅に避難し、警察や精神病院にも協力を依頼したが断られたということで、何とか協力してもらえないだろうかという電話が入りました。

O福祉事務所の職員や両親と彼の自宅の近くで待ち合わせて、福田支援課長（現・戸次なごみ園施設長）と二人で彼の自宅へ駆けつけました。玄関から家の中をのぞくと、ガラスの破片や壊れた物が散乱し、彼が不安そうな顔でこちらをうかがっていました。

穏やかにねぎらいの言葉をかけて、手を差し出して握手をして、彼の訴えを聞くような感じで、肩を抱きながら家の外に連れ出して車に乗せました。

「君が暴力をふるったので、お父さんもお母さんも恐くて一緒に暮らせない」「君が暴力をふるわなくなるまで、めぶき園で暮らしてもらいます」というような趣旨のことを話して、その日からショートステイとしてめぶき園で受け入れました。

彼は養護学校（現・特別支援学校）卒業後、在宅で暮らしていました。特にすることのない無為な生活からこだわりが強くなり、昼夜が逆転し、このような結果になったものと推測されました。

めぶき園で、生産活動や余暇活動に参加し、規則正しい生活をおくることで、短期間で穏やかに暮らせるようになりました。すっかり落ちついたことから、たまたま欠員のあった他の施設に入所しました。

後日、サーカスの招待で私たちが帰りのバスに乗っている時に、集合している彼を見かけたことがありました。彼はしばらく私たちに気づいていないように見えましたが、私たちのバスが出ようとした時、笑顔を浮かべながら、ちぎれるほど手をふって私たちを見送ってくれました。

当時は養護学校（現・特別支援学校）卒業後、通える作業所や通所施設がある場合の方がむしろ稀で、自宅で過ごさざるをえない方が普通でした。

パニックや暴力行為が1週間で改善されたケース

養護学校（現・特別支援学校）の中等部に進学し、思春期の不安定さと、担任教師の厳しい対応がきっかけで、昼夜逆転、他害行為、パニック等の行動障害が出現しました。

高等部に進学し、給食を食べなくなり、登校させようとすると嘔吐し、頻繁にパニックを起こして大暴れし、母親に暴力をふるうことから、緊急避難として精神病院に入院しましたが、病院では落ち着いているということで、退院して自宅に戻る車中で大暴れしたために、急遽ショートステイで受け入れました。

わざと下腹部を露出したり、手に便をつけて向かってきたり、噛みついたり、壁に頭をぶつけるなどの様々な行動障害が見られました。

これまでの他者とのネガティブな関係から、他者に対して安心感を得ることができず、他者からの声かけや感情に対して、過敏になっているとの仮説に基づいて、様々な行為に対して、ネガティブに反応せず穏やかに肯定的に接しました。

本人の言いなりになるのではなく、本人の思いや要求を受け止めながら、課題を求めて、応じられたときは認めるようにしました。

下腹部を露出する行為に対しては出してはいけないことを伝えて張り合って部屋に戻すことを全職員で確認して取り組んだ結果、1週間程度で穏やかに落ち着いて暮らせるようになりました。

中学部の担任教師が、能力がありながら怠けているように見えたことから、もっといろいろな事ができる筈だと叱咤激励して頑張らせ過ぎたことが行動障害の原因になったようでした。自閉症児の場合、知的な風貌からこうした誤解が生じることがあります。

強度行動障害が1ヶ月で落ちついたケース

中学校2年生の1学期まで障害児学級に通っていましたが、2学期から養護学校に転校し、3年生になって不登校になりました。

8月下旬から噛みつきなどの他害行為がみられ、他施設のショートステイを利用しましたが、激しく暴れたため断られ、精神病院に入院しました。入院期間が2週間という期限付きのためにめぶき園で何とか見てもらえないだろうかという相談を受けました。

県精神保健センターに相談したところ、県内で処遇できるところはないだろうと言われたとのことでした。

こだわり、昼夜逆転、暴力、破壊行為などとても大変なケースに思えましたが、これまでも行動障害が激しく、学校や他施設で見れないケースの行動改善に取り組んだ経験があるので、もしかしたらお役に立てるかもしれないとの思いからショートステイで受けることにしました。

当初は、窓の開閉から、時計、非常ベル、消火器とあらゆるものにこだわり、食堂の机や椅子を積み重ねて掛け時計を外して投げる。電球を外して割る。窓から飛び出してボイラーのバルブを閉める。部屋で放尿する。2メートルもあるフェンスを乗り越えて外で大便をするなど、執拗にこだわり、止められると暴力をふるうという状態でした。

このような行動は単にこだわりというよりも、周囲とのネガティブな関係が原因になっているのではないかという仮説に基づいて、こだわり行動を全て止めるのではなく、例えば破壊行為や他害行為等の危険な行為は毅然として止め、窓の開閉や食堂椅子の入れ替えなどのさほど支障のない行動については、エスカレートしない限り見守ることにして、本人と折り合いをつけることにしました。

職員との信頼関係が深まる中で、徐々にこだわりもとれて、活動にも参加し、落ちついて暮らせるようになりました。

こだわり、唾吐き、暴力行為のあるケース

県内のN園を利用していましたが、こだわり、唾吐き、暴力行為等の行動障害に対して、N園の職員が唾を吐きかけられると不快だという気持ちを伝えるために、唾を吐き返したり、暴言を吐くなどしたことから人権問題に発展し、施設長や当該職員が引責辞任し、利

用者の大半も退所するという事態に発展しました。

N園は施設運営が危機に瀕しているとして、退所を求めました。両親は周辺に適当な施設がなく、退所すれば孤立した生活にならざるをえないことから、通所を強く希望し、両親が付き添うことを条件に通所が認められましたが、N園の職員に対しての暴力行為や唾吐きがあるために親任せでした。

県障害福祉課長から、自閉症専門施設の立場でN園にスーパービジョンをして欲しいとの依頼を受け、私と発達障がい者支援センター「ECOAL」センター長（長男）や福田支援課長（現・戸次なごみ園施設長）がコンサルテーションやスーパービジョンの支援をしました。

当法人職員に対しての暴力行為や唾吐きはありませんでしたが、N園職員に対しての暴力行為や唾吐きが続き、わずかな隙をついてN園職員を突き飛ばし、突き飛ばされた職員が腰を痛めて施設を休むということがありました。職員とのこれまでの関係性に原因があると思われましたが、通所を控えることを求められました。

私が自閉症の特性や行動障害への対応などについて講義し、めぶき園の福田支援課長を派遣しましたが、私たちが暴力行為や唾吐きなどの行動障害を改善（治療）してくれると考えて、N園の職員との関係性から暴力行為や唾吐きが引き起こされていること、職員の態度や関わり方に原因があることを理解できないようでした。

めぶき園の福田支援課長が対応している場面では大きな問題を起こさないで過ごすことができても、僅かな隙をついてN園職員に対して暴力をふるうなど、このままでは両親が毎日付き添わなければならず、見通しが持てないことから、父親、T市福祉事務所、コーディネーター、めぶき園職員が個別支援会議を開いて、活動の場をめぶき園に移すことにしました。

自宅からめぶき園まで片道約1時間程度（当時）かかりますが、両親が在宅を希望したことから、めぶき園職員が自宅まで送迎して活動に参加しました。

活動の場をめぶき園に移してからは暴力行為や唾吐きは徐々に減少しましたが、他利用者との接触や大声等の刺激があると、特定の職員や利用者、来園者に対しての暴力行為や唾吐きが見られました。

暴力行為や唾吐きを事前に止めるために職員を配置し、何度も同じ質問を繰り返すことに対して、過剰に反応しないで、肯定的に接すること、作業は強制しないで、できたことを褒めるという私たちにとっては基本的な対応をしました。

守れなかったことや出来なかったことは特に問題にせず、守れたことや出来たことだけを取り上げて褒めるという形式でトークンエコノミーシステムを取り入れて支援しました。激しい暴力行為や唾吐きが見られなくなり、笑顔などから職員との信頼関係が育ったと考えられたことから、集まった職員で頑張ったことをたたえて、卒業証書を授与し、トークンエコノミーシステムを終了しました。

（トークンエコノミーシステム　良い行動をしたらトークンを貰うことができ、トークンを集めるとご褒美と交換できるシステム）

名人芸

県障害福祉課長からの依頼で、初めて対面したとき、私は突き飛ばされたり、唾を吐きかけられた場合は、いつでも止めたりよけられるように全神経を集中しつつ、一方でそうした気配を悟られないように穏やかな態度で対応しました。

同じ時に派遣された他法人の職員は不用意に近づいたためか、突き飛ばされました。その後、長男が障害福祉課長と一緒にN園を訪問し、長男は初対面したとき瞬時に信頼関係を築いたようでした。

そのことが分かったのは、後日、めぶき園に長男が来園したときに、たった1回しか会っていないのに親友にでも再会したかのように満面の笑みを浮かべて、長男の名前を呼びながら、握手を求める場面を見たからです。

瞬時に信頼関係を築くことは、簡単にできることではありません。物心ついた時から障害児と「ともだち」として遊んだ体験や石井先生直伝の「受容的交流療法」に基づくものだと思います。

めぶき園に通園するようになって、初めての利用者1泊旅行に私が付き添いました。刺激が多く、中年の女性を見かけると「せっちゃろか（突き飛ばす）」と言いながら身構える場面がありました。

多くの人と行きかう中、私は全神経を集中して、全ての他害行為を止めましたが、私には他害行為も唾吐きもありませんでした。

他害行為がある利用者と接する時は、他害行為の対象にならないように細心の注意を払います。一度他害行為の対象になると、執拗に他害行為を受ける結果になります。そのことに対して、支援者が対立的な感情を持つと虐待行為に結びつく恐れがあります。その関係を払拭するのは困難です。

自信があれば瞬時に信頼関係を築くことも可能ですが、自信がない場合は不用意に近づかず、よく観察すると同時に、相手に対して危害を加えない存在であることを認識してもらう必要があります。

万一、他害行為をされた時は、その場で叱ったり、騒いだりしないで、何ごともなかったかのように立ち去って、やり過ごすのが最善の方法だと考えています。その後は他害行為を受けないように細心の注意を払います。

過去の研究会で、石井先生の「受容的交流療法」を名人芸と評した人がいました。「名人芸は誰にでもできるわけではないが、私が推奨する方法はすぐに誰でもできるから、名人芸より優位性がある」というような論旨の発言でした。

長年研鑽し、修練を積むことで名人芸の境地に達するのはどんな仕事にも共通する真理ではないでしょうか。

知的能力の高いケースから学んだこと

父親の仕事の関係で、幼稚園、小学校と何度も転校し、小学校4年生時に不登校のため精神科を受診しましたが、中学生時代は平穏に過ごしました。高校（普通高校）進学後にパニックや器物破壊が激しくなり、精神病院の入退院を繰り返した後、10年間入院生活を余儀なくされました。

大分県発達障がい者支援センター（ＥＣＯＡＬ）が母親から相談を受け、面会や外出支援がスタートしました。その数年後にめぶき園での外泊支援（法外）を開始し、その数年後に精神病院を退院して、めぶき園での生活をスタートさせるために、障害支援区分とショートステイの申請をしましたが、精神病院を退院する状況にはないとして、却下されました。

精神病院は病院としてこれ以上できることはなく、退院することが適当との見解だったことから、めぶき園別棟での生活を見切り発車しました。その後3度目の申請で、支援区分4が認められましたが、ショートステイは月に14日分しか認められなかったために残りの日数の費用は保護者と法人が負担しました。

施設のCDを断りなく自室に持ち帰ったことに対して、職員が叱責したことから、職員への暴言や暴力が見られるようになり、ラジオ、CDプレーヤー、テーブル、いす、窓ガラス、便器等を頻繁に破壊し、注意されるとすごんで見せるなどの行動が続きました。職員の言動が自分の論理に合わなければ激昂し、暴言、暴力、破壊行為につながりました。対応する職員が疲弊し、「もう限界だ。精神病院に戻そう」との意見も出ましたが、数回のケース会議を実施し、支援方針の共通理解と対応の統一を図りました。

別棟での個別対応はとりわけ夜間に対応する職員の精神的な負担が大きいことから、9ヶ月後に本館の空き部屋に移動させました。職員の負担軽減のために宿直時間の大幅な短縮を行うとともに、夜勤者2名、宿直者1名の合わせて3名体制にしました。

暴れたら思い通りになると誤学習しているので、暴力行為や破壊行為には（愛情をもって）自分のためにならないことを伝えて、納得するまで説明しました。

職員の共通認識が不足していることが混乱や暴力行為の原因になっていると考え、朝のミーティングで前日・前夜の言動を検証し、丁寧に意思統一を図りました。

行動障害の背景には、親や関係者との信頼関係が崩れたことによる不信感、ネガティブな感情、職員側の対応のまずさがあると分析し、職員の対応を検証し見直すことで、徐々に信頼関係が成立しました。

面会から、外出、外泊支援と6年余の歳月を要しましたが、暴力行為や破壊行為が激減し、多くの職員と良好な関係を保ち、ハイタッチや握手をして職員とのやりとりや会話を楽しんでいます。

無理強いするのではなく、納得がいくまで彼の意見に耳を傾けながら、丁寧に話し合うことで穏やかな生活ができるようになるとともに活動に対しても前向きに取り組めるようになりました。

これまでは知的障害を伴う自閉症の人を中心に取り組んできましたが、知的能力の高い彼は職員の言動の不一致や齟齬を厳しく追及します。私たちが職員側の論理を一方的に押し付けがちになっていることに気づかされるなど、彼から多くのことを学びました。

行動障害支援の原則

滝乃川学園児童部重度棟の子どもたちの行動障害が比較的、短期間で劇的に改善したのは、劣悪な環境や自閉性障害を理解しないことによる不適切な対応が主要な原因になっていたと思われます。このことから早期に適切な療育や支援を提供することが重要だと言えると思います。

無知や悪しき慣習、職員同士の馴れ合いや職員中心の考え方から多くの過ちを犯してきました。そのために利用者の生命にかかわる事態も発生しました。いくら反省し、懺悔しても失われた命や尊厳は取り返しがつきませんが、そうした過ちから学び、再び同じ過ちを繰り返さないことが私たちの責務だと思います。

知的能力の高いケースから職員間の食い違いや齟齬を指摘されて、重い知的障害のある人に対してはそうしたことに気づかないままに支援してきたことを知りました。

彼の場合、精神病院の入院期間が長く、支援の困難性が高く、職員も相当に疲弊し、多くの時間を要しました。このことからこじれる前に早期に適切な支援を行うことが重要だと思います。

入所施設は必要悪だという意見がありますが、めぶき園に入所することで、短期間で行動障害や偏食が改善されたケースを数多くみてきました。入所施設で、一貫した理念や方針に基づいて、自閉症の特性に配慮した適切な療育や支援を提供することは行動障害改善に有効だと思います。

支援者の一面的な価値観や思い込みによる不適切な指導や訓練が行われると、入所施設が人権侵害や虐待の温床になる場合もあります。

実践を通して学んだ行動障害支援の原則

① 施錠を撤廃し、清潔で快適・安全な生活環境を提供する。
② ごく当たり前の生活（ノーマライゼーション）と個別的配慮を保障する。
③ 手ごたえの持てる活動や外出の機会を通して社会性や意思決定を育む。
④ 愛情を持って、投げ出さない。（真のサポーターは決して見放さない）
⑤ 個別支援計画に基づいて、余裕のある日課（ルーティン）を組み立てる。
⑥ 遊び、生活、活動等での相互作用を通して、他者意識や共感性を育てる。
⑦ 特定の理論や技法にとらわれるのではなく、幅広く学んで実際の場面で応用する。
⑧ 行動の現象面だけをとらえるのではなく、環境や心理面での原因や背景を考察する。
⑨ 支援に当たっては、記録→分析→仮説→実践→検証を繰り返す。
⑩ 職員の勤務負担の軽減を図り、過労やメンタルに配慮する。

⑪　スーパーバイザーの下で事例検討を重ねて支援方法を統一し、チームで支援する。
⑫　他害行為や自傷行為、破壊行為は当事者のためにならないことを伝えて止める。
⑬　対応しない（無視する）ことは行動障害をエスカレートさせる場合がある。
⑭　職員自身の感情をコントロールし、穏やかで肯定的な態度で接する。
⑮　利用者の立場に立って、自らの支援を振り返る。
⑯　丁寧に説明するなど、折り合いがつけられるように支援する。
⑰　医療と連携し、脳科学や神経生理学の新たな知見に学ぶ。

私たちは、強度行動障害のある人への支援を通して、通常では学べない多くの事柄を学び、やりがいと達成感（喜び）を味わってきました。箇条書きにしてまとめたことは、自閉症支援や様々な対人関係、支援に共通すると考えています。

第5章

自閉症・子育て総合支援センターへの道

ふと、ひらめいた

平成11年度からの5ヶ年計画の大野圏域障害者計画（案）に障害児通園事業（障害児デイサービス）を新設するとありました。私も大野圏域障害者計画策定協議会の委員として計画策定に参画していましたので、具体的なことについてはこれから話し合うのだろうと思っていました。

協議会の話し合いの席で母親代表の委員から「早期療育（障害児通園事業）は大変重要な事業だが、形を整えるだけでなく、専門性のあるスタッフを配置しなければ意味がない。早期療育の先進地に5年間位修行に出して取り組むことはできないか」との発言がありました。

その発言を聞いて、東京世田谷の子どもの生活研究所に勤務し始めて6年になる長男のことを思い浮かべました。先進施設でしかも自閉症児療育や保育の第一人者である石井先生の内弟子として修行していた長男はお母さん方の要望にぴったりでした。

大分県三重福祉事務所福祉課長にこのことを話したところ、実は障害児通園事業をどこにお願いするかについては、計画を立てる段階で、既に打診している法人があるとのことでしたが、「長男さんが中心になって取り組んでくれるというのであれば考え直したい」との回答でした。

そんなわけで、障害児通園事業に取り組む方向で話が進行しましたが、妻や岡本さんから指摘されるまで、本人に打診していないことに気づきませんでした。無意識のうちに了解するものと勝手に思いこんでいました。

高いハードル

障害児通園事業を実施する施設整備についても難問がありました。当初はめぶき園の敷地内でと考えていましたが、めぶき園への町道の道幅が狭く登園が不便なことから、大分県三重福祉事務所から利便性の良い場所で行って欲しいとの要望がありました。

そのため用地探しを始めましたが、なかなか適当な用地が見つかりませんでした。最終的に偶然知り合った人から国道３２６号線の近くの畑を譲り受けました。用地自体は安く購入できましたが、見た目以上に傾斜が急だったために予定以上に造成費がかかりました。

さらに準備を進めていくうちに、障害児通園事業が施設整備費の補助対象になっていないことから、建物を全額自己負担で整備するしかないことが判明しました。

当時の財政状況では、全額自己負担での施設整備は不可能なことから、なんとか民間の助成を受けられないか検討しました。この件については大分県も応援してくれて、地域交流ホームとして、日本自転車振興会の助成が受けられることになりました。

平成13年4月18日付けで日本自転車振興会の補助決定通知がありました。長雨で造成工事が遅れたことから、実際に建築工事に取りかかったのは6月に入ってからでした。地盤が軟弱なために9月末にようやく工事が完了しました。

大分合同新聞の10月3日付け朝刊の記事に「障害児通園事業の拠点に～地域交流ホーム犬飼町にも完成～」との見出しで次のように書かれています。

『犬飼町の社会福祉法人「萌葱の郷」が町内大寒に建設していた「めぶき園地域交流ホーム」が完成した。平日は「子どもデイサービスセンターなごみ園」として障害児通園事業に使い、週末は地域住民に開放する。2日に関係者約50人が出席し、落成式と開所式があった。

障害児通園事業の対象は、原則として大野郡内の心身発達に心配がある幼児、小学生ら。午前、午後に3コースを設け、療育・発達援助、心のケアなどを行う。月曜から金曜までの週5日、指導員、保育士ら3人が指導に当たる。1日当たりの定員は6～10人程度。利用は無料（おやつ代実費別）などとあります。』

野津めばえ教室スタッフ

大分県の早期療育は、知的障害児通園施設「ひばり園」、肢体不自由児施設「別府整肢園」、「つくし園」の他に、昭和62年に大分めばえ教室、平成5年に野津めばえ教室、平成6年に三光めばえ教室が県の単独補助事業として週に2回程度実施されていましたが、県内各圏域に障害児通園事業を新たに設置することで、めばえ教室は廃止されることになりました。

指導員、保育士3名のうちの一名は長男で決まっていましたが、補助金が月額約95万円程度なので、予算の範囲内で毎日3名の職員を確保するためには、他の職員は時間給の臨時職員でなければ事業として成立しませんでした。

大分県三重福祉事務所から、野津めばえ教室が廃止されるので、できればスタッフを引き継いで欲しいと打診を受けていました。当時長男は31歳で野津めばえ教室のスタッフの年齢が上だということで、やりにくいのではないかと思いましたが、とにかく野津めばえ教室を見学することにしました。

見学後、野津めばえ教室のスタッフはレベルが高いのでぜひ一緒に取り組みたいという長男の返事でした。何度か見学したり、話し合っているうちに長男と野津めばえ教室のスタッフはすっかり意気投合したようでした。

その理由は野津めばえ教室のスタッフが療育の基礎に据えていたインリアル・アプローチは従来の訓練主義とは違い子どもを主体として、ノンバーバル（音声言語ではない）なものであっても子どもが表現しようとしていることを尊重し、理解してもらえたという安心感や喜びが子どもの次の自己表現への意欲を育てるという考え方に基づくもので、受容的交流療法の理念や方法論と多くの共通点があったからだと思います。彼女たちは貴重な戦力になりました。

存続の危機

平成13年10月になごみ園を開園したものの、当初、登録児は10名に満たず、通園児ゼロという日も珍しくありませんでした。徐々に登録児が増え始めた平成15年4月に補助金から支援費制度に変わることになりました。

補助金制度では1日あたりの平均利用人数6～10名という基準はあるものの、一応ひと月当たり約95万円という金額が保証されていましたが、支援費制度に変わって利用した人数に応じて支払われることになりました。

平成14年9月12日の担当課長会議で、支援費基準（案）が示されました。所用4時間未満の場合の単価が１９１０円、所要４時間以上が３８１０円という低額なので、利用児が徐々に増えてはいたものの、当時の利用実績が最大でも月に１００名前後で、19万円程度にしかならず、このままでは運営不能に陥ることが判明しました。

県内の９箇所の障害児通園事業所が連絡会を組織して調査した結果、最も利用児が多い事業所でも40万円にも満たず、平均では26万円と１人分の人件費も確保できず、閉鎖するより他に道がないことが判明したことから、署名を集めて県や厚生労働省に要望して状況を打開することになりました。

要望の趣旨

大分県は過疎地が多く、県内の8施設は、1日の利用定員が6名から10名の地域に密着した小規模施設で、現在約300名の乳幼児及び小学生が登録し、利用しています。保育士、指導員、作業療法士、言語訓練士、臨床心理士等の専門家が、各施設の特色を生かしながら、保育や療育、保護者の育児相談などを行っています。

県内には大分市と別府市に知的障害児通園施設がありますが、合わせて定員60名で、人数的にも地理的にも県内のニーズを満たすことは不可能であること、また乳幼児期は障害の確定や保護者の障害受容も困難な時期であり、子どもや保護者への援助が必要であっても、専門施設の利用に踏み切れない場合や、障害は確定していなくても早期に対応することが必要な子どもたちが数多く存在すること、約300名の登録児がいるという現状からも障害児通園事業は大分県の早期療育にとって欠かすことのできない重要な存在となっています。

障害児通園事業は平成14年度までは、国・県・市町村の補助金で運営され、2名の常勤職員を配置することが義務付けられていますが、2名の職員で運営することは不可能であり、各施設とも非常勤の職員を含めて、1日あたり平均3～5名の職員を配置しています。

人件費の他に建物の維持管理費や電気代、事務所経費や遊具、備品なども必要ですので、職員の多くが臨時やパートタイマー等の低賃金で身分保障のない状況に置かれていますが、地域の早期療育を担うという使命感を支えに、保育や療育、相談にあたってきました。

大分県の場合は医療法人と社会福祉法人が運営主体で、建物に対しての公的な補助もなく、各運営主体が自費で建物を準備するなどして、施設を確保してきました。

平成14年9月12日（木）の支援費制度担当課長会議において、支援費基準（案）が示されましたが、障害児通園事業支援費として示された金額は、ホームヘルプサービスの家事援助よりも低い金額でしかなく、県内の各施設の運営費を支援費の単価で試算すると、年間の支援費の総額がこれまでの約3分の1に満たない結果となります。このままでは職員1人分の人件費を確保することもできなくなってしまい閉鎖するより他に道はありません。

またこれまでは利用料は無料でしたが、平成15年度からは、扶養義務者の所得税額に応じて負担金を支払わなければならなくなります。このことは医療や日常生活において出費の多い幼児期、学童期の子どもの親にとって大きな負担増になるとともに、受給者証を発行するなど手続きが煩雑になることから利用しにくくなる可能性があります。

過疎地における障害児通園事業が平成15年度以降も子どもの育ちと暮らしを保障する地域の早期療育の核として存続していけるよう、特段のご配慮を賜りますようお願い申し上げます。

国に陳情

大分県の障害児通園事業は全て1日平均利用児童数が6～10名の小規模施設であり、運営主体が医療法人や社会福祉法人で、補助金のみで運営してきました。

早期療育には母親への支援が必要だとの考え方から、大半の事業所が2時間程度の母子通園の形態をとってきました。しかし4時間未満の単価が適用されると、県内で利用実績が一番多い施設でも、これまでの補助金の3分の1程度の金額にしかならず、どう工夫しても事業存続が不可能となってしまいます。

このことから、平成14年9月27日に大分県障害児通園事業連絡会を結成し、短期間に約3万名の署名を集めて、平成14年10月8日に関係者4名が上京し、障害福祉課長及び同担当係長に要望書を提出し、時間区分の撤廃や支援費単価の見直しなどを要望しました。

交渉の中で、厚生労働省は障害児通園事業支援費単価検討過程で地方の小規模施設の声が届いていなかったことを認めて、平成15年1月28日の支援費制度担当課長会議において、障害児の特性を考慮し、時間区分によるサービス単価から1日単位の単価設定とし、サービスの利便性を高めるとともに、小規模施設に配慮した見直し案を示しました。

(1) 小規模10名以下　日額５３９０円

(2) 標準11～20名　日額３７１０円

(3) 大規模21名以上　日額２８４０円

厚生労働省が見直し案によって、地方の小規模施設に対して配慮を示したことは、支援費制度の未来を占ううえでも評価すべきものと考えられますが、国や地方財政が窮迫する中での制度改正であるために、新単価で試算してみても、県内の施設のうち、補助金制度と同程度の収入を確保できるのは、１施設のみで、他施設は30％以上の減額となることが予想されました。さらに標準、大規模施設の単価についてはどう工夫しても支援費のみでの運営が可能となる金額とは思えないという課題が残りました。

意欲と対人関係を育てる

私たちは、支援者側の価値観に基づいて一方的に行動修正や社会適応を求めるのではなく、安心感と信頼関係をベースに支援者の姿勢や態度を検証し、支援者が変わることを通して、利用児の人生の豊かさや自己実現を支援していくことが重要だと考えています。

なごみ園は、石井哲夫先生の子どもの生活研究所で「受容的交流療法」に基づいて障害のある幼児や学童の療育や相談の経験を積んだ職員と、大分県の補助事業として9年間にわたって実施された在宅心身障害児療育訓練事業「野津めばえ教室」で「インリアル・アプローチ」をベースに実践を重ねたスタッフ（保育士、臨床心理士等）が合流し、信頼関係に基づいたやりとりやコミュニケーションを重ねながら、意欲や人との関係を育てることを目指しています。さらに豊富な経験をもとに親、幼稚園、保育所のスタッフへの相談・助言に応じるなどのサービスも合わせて提供しています。

並行通園

登録児に毎日通園してもらうことが経営安定の一番の近道とも考えられますが、私たちは、障害児が保育所や幼稚園で地域の子どもと共に育ちあうことが重要と考えていることから保育園や幼稚園との並行通園に取り組んできました。

環境に馴染めなかったり、友だちとの関係からストレスを募らせたり、傷ついたときの癒しや、生活面や母子関係、あるいは就学や進学についての相談・助言によって、地域でよりよく暮らせるように支援すること、保育所や幼稚園で挫折しがちな子どもたちが、個別あるいは小集団での課題や遊びを通して、達成感や有用感を持つことで前向きに生きる力を育てたり、他者を思いやったり、折り合いをつける力を育てていくことが私たちの果たすべき役割と考えてきました。

保育所、幼稚園あるいは通園施設、小学校、中学校、養護学校（現・特別支援学校）、そして卒業後とライフステージが移行していく中で、幼児期の専門家が成人期への見通しを持たないために短絡的な訓練主義に陥ったり、各専門機関が個々ばらばらに機能することで、ライフステージを通して一貫した相談や支援が行われないために、子どもが混乱したり、強度行動障害に陥るケースが少なくありません。

そうしたなかで、私たちは法人全体の事業を通して、幼児期から学童期、成人期とライフステージ全体を見通した療育や相談支援が可能な身近な専門機関をめざしてきました。

専門性を担保する

障害児通園事業では限られた予算の中で必要なスタッフを確保するため、非常勤職員に頼らざるをえない現状があります。幼児は発熱等の体調不良や親の都合等により突然休むことが多く、登園予定の半数以上が休むケースも珍しいことではないために、結果として出勤した職員が過剰になってしまうことがあります。そのために利用実績がそのまま収入に反映する支援費制度においては経営を圧迫する大きな要因となっています。

また母子通園を行っている関係上、きょうだい児が一緒に登園することが多く、きょうだい児の存在は療育上有意義なことですが、支援費制度においては運営上の大きな負担になっています。この2点について何らかの財政的な手立てが講じられないかと思います。

財政規模からみると、障害児通園事業は小さな事業にすぎませんが、ハンディキャップをもって生を受けた子どもとその家族が最初に出会う身近な専門機関であり、この時期に適切な療育と相談支援が受けられるかどうかは、その後の育ちと暮らしに大きな影響をもたらします。

保育所、幼稚園に通いながら、週に1～2回、必要に応じて地域の身近な障害児通園事業を利用することは、通園児や家族の負担軽減、さらにはノーマライゼーションやインクルージョンの観点から、また社会資源の有効活用という趣旨からも、意義のあることです。したがって、単なる障害児の託児所であってはその存在意義を失います。障害児や育ちにくさをともなった子どもの療育とその家族、保育所や幼稚園などのスタッフに対しての相談・助言機能を備えてこそ、障害児通園事業の存在意義があると考えています。

実践の場でなければ真に有効なノウハウは蓄積されません。また専門的な療育援助が乏しいままに強度行動障害に陥ってからではさらに多くの時間と人員や費用を要することになります。そうならないためにも、地域の早期療育の核としての機能を果たせるような財政的な裏付けを強く求めたいと思います。

大分なごみ園

これまで主流だった訓練主義ではなく、受容的交流療法やインリアル・アプローチをベースに遊びや活動を通した相互作用によって、子どもの意欲や自発性を育てることを重視することで、子どもたちがなごみ園に通うことを楽しみにし、意欲や自発性が育ち、生き生きとしていること、親支援や保育所、幼稚園との並行通園などの取り組みが評価され、1日の定員10名に対して、大野郡（現・豊後大野市）内だけでなく、大分市、臼杵市、佐伯市、別府市、玖珠郡等の地域外からも含めて80名を超える登録があり、日額5390円という低額にもかかわらず、収入が倍増し、職員体制を拡充することができました。

大分市内在住の登録児が多いことから、保護者から大分市内に事業所を開設して欲しいとの要望が多く寄せられ、平成25年5月に大分市丹生地区に児童発達支援事業所「大分なごみ園」を開園し、利用児が増えたことから、平成29年1月に増築し、定員を増やして児童発達支援センターに移行し、同年5月には発達支援事業所「戸次なごみ園」を大分市中戸次に開園しました。

早期療育の意義

補助金から支援費さらに自立支援法、総合支援法と制度が変わる中で日額単価が約1万円と大幅に上がり、営利会社の参入も認められました。開業までの手続きを請け負う業者が現れ、儲かるとの思惑から、地域によっては事業所が乱立気味となり、テレビを見せるだけのレベルの低い事業所も出現しました。

平成14年の支援費制度により、所用4時間未満の場合の単価が1910円、所要4時間以上が3810円という新単価が示され、このままでは閉鎖するしかないとの切羽詰まる思いで大分県障害児通園事業所連絡会を結成し、3万名の署名を集めて大分県や厚生労働省に陳情し、日額5390円に増額され、廃業しないで済むと一息ついたときはこのような日が来るとは予想もしませんでした。

療育や支援の内容よりも、事業所にとっても利用児の保護者にとっても、数多くの子どもを長時間預かることが優先される現状があります。厳しい条件の中で県や厚生労働省に陳情して地域の早期療育を守ることに取り組んできた者としては、児童発達支援や放課後等デイサービスが単なる託児所であってはならないと考えています。

保育所や幼稚園との並行通園を通して地域の子育て支援と連携し、個々の子どもの発達段階に応じた遊びや学習を通して、コミュニケーション能力の向上を図り、達成感や有用感が育つように療育することで保育所、幼稚園や家庭での日常生活が円滑に送れるなどの大きな成果をあげてきました。幼児期、学童期、青年期、成人期とライフステージを通して一貫した支援を継続することが重要だと考えています。

地域の子育て支援拠点

豊後大野市が、運営費負担の軽減を主たる目的として、平成24年度から1園を除く市立保育所を民間に移管することになりました。

文科省の調査で普通学級に在籍する発達障害のある児童生徒が推定値で6.5％と公表され、保育所にも多くの発達障害児が在籍していると推定されることから、発達障害の専門性のある保育所が市内に1園欲しいとのことから、豊後大野市保健福祉部長から移管法人募集に応募しないかとの声がかかりました。

私たちも早期療育の取り組みの中で、保育所や幼稚園との並行通園に取り組み、障害のある子もない子も共に育つ地域社会を実現するためには、幼児期からのインクルーシブな保育の重要性を痛感していましたので、いぬかい保育所の民間移管に応募することを決断しました。

民間移管決定

いぬかい保育所の民間移管には当法人、既存の民間保育所、元保育所長を中心とする新設予定法人の3団体からの応募がありました。

応募書類提出のあと、市役所で応募団体のプレゼンテーションがありました。

長男や私の恩師の石井哲夫先生は、日本保育協会の理事長であり、当時の新保育指針を作成していたことから保育所運営についても先進的な知識がありました。

保育者との関係性による育ちの保障、インクルーシブな保育の重要性、さらには職員の育成や処遇についても理想を実現したいとの想いが伝わり、当法人に移管されることが決定しました。

後日保健福祉部長から選定委員満場一致で当法人に決めたと聞きました。

待機保育士

保護者説明会を開催したところ、民営化によって、保育の質が落ちるのではないかと不安視する意見が多かったと記憶しています。

市立保育所の正規職員は所長と主任保育士等の数名で、大半は非常勤職員でした。経験年数は長いものの、非常勤職員の勤務条件は極めて劣悪で、何年勤めても月額給与は14万円余で昇給も賞与もありませんでした。

職員採用に当たっては、希望する全職員を採用することにしましたが、市立の他保育所からの応募もありました。

当法人は正規職員として採用し、経験年数を加算して給与表に格付けし、賞与も支給しましたので、採用した全職員の年収が大幅にアップしました。

市立保育所の頃は定員割れを起こすこともあったと聞いていましたが、当法人が経営を引き継いでからは、質の高い保育との評価により、少子化で子どもの人数が減り続けているにも関わらず、定員を超える応募児があり、幼保連携型認定こども園に移行してからは教育保育事業（1号）合わせて定員75名に対して、80名を超える利用があります。

保育士の離職率は極めて低く、民間移管時に採用した職員の殆どが勤続し、新卒採用のみならず、経験豊富な保育士の就職希望者も相次ぎ常に必要人数を超える保育士が在籍し、待機児童ならぬ待機保育士等のジョークも囁かれています。

大分市の待機児童対策の公募に応じ、平成30年にこざい保育園、令和2年にへつぎ保育園を開設しましたが、いずれも経験年数10年を超える経験豊富な保育士を中心に配置することができました。こざい保育園は開設初年度に定員60名に対して66名を受け入れ、翌年は認定こども園に移行し、教育保育事業（1号）10名（令和2年度から15名）合わせて定員70名に増員し、83名を受け入れました。

こざいこども園、へつぎ保育園ともにこれまでの経験をいかし、随所に工夫をこらし、基準を超える面積を確保し、園児にとってはノビノビと過ごせ、職員にとっては働きやすい園舎となっています。

保育士不足と言われていますが、当法人は労働条件改善に取り組み、保育士が保育に専念できる職場環境の向上に努めた結果、ベテラン保育士が多数在籍し、離職率も極めて低く抑えられています。

県内の市町村職員に匹敵する給与表、定期昇給、年間4ヶ月以上の賞与、新卒採用で40

年間勤めれば、2000万円以上の退職金、私病での入院費・差額ベッド代や高度医療を保障する団体保険に加入するなど、手厚い福利厚生制度にも取り組んでいますが、当法人の保育園・こども園はいずれも黒字経営です。

保育園・こども園の劣悪な労働条件を耳にすることがありますが、なぜそうなるのか理解できません。国は毎年のように処遇改善に取り組んでいるので、現場に生かされていないのではないかと考えざるを得ません。

子育て総合支援センター

町村合併により、元犬飼町保健福祉センター、元犬飼町介護支援センター、元犬飼町給食センターを平成26年より順次、民間に払い下げることになりました。

3施設とも「いぬかいこども園」の同一敷地内及び隣接地にあることから、元犬飼保健福祉センターを改修してこども発達・子育て支援センター「なかよしひろば」(児童発達支援センター)を開設し、元犬飼町介護支援センター建物に子育て支援センター「ゆうゆうキッズ」及び相談支援事業所「プラス」を開設し、元犬飼町給食センターを「いぬかいこども園なかよしホール」に改修しました。

通常の保育・教育、配慮の必要な子どもへの支援、子育て支援、相談支援を総合的かつ有機的に提供し、合わせて家庭や保育所・幼稚園、学校などへの助言や関係機関と連携することで、子育て総合支援センターとして豊後大野市の子育ての中核を担っています。県内のみならず、県外、さらには国外からの視察もあり、子育て支援の先進モデルとして注目を集めています。

大分市坂ノ市地区に「こざいこども園」と同一敷地にこども発達・子育て支援センター「わくわくかん」、相談支援事業所「プラスα」を開設し、大分市東地区の子育て総合支援センターとして豊後大野市と同様の活動拠点を目指しています。

余談ですが、元犬飼町保健福祉センター払い下げ応募団体のプレゼンテーションは入院中で、病院からプレゼンテーション会場を往復しました。

第6章

二つの事件を検証する

障害者に対する虐待事件は後を絶ちませんが、九州・山口自閉症施設協議会の活動を通して、原田秀樹施設長と親交のあったカリタスの家事件と、津久井やまゆり園の元職員植松聖が元の勤務先である津久井やまゆり園に侵入し、利用者19名を殺害し、職員2名を含む26名に重軽傷を負わせるという衝撃的な事件がありました。この2つの事件を通して、障害者への虐待や障害者はいらないとする差別意識を検証します。

1 カリタスの家事件

当法人が所属する全国自閉症者施設協議会の会員であり、九州・山口自閉症施設協議会の会員だった福岡県頴田町の社会福祉法人「かいたっくす」が運営する「カリタスの家」で複数の施設職員が利用者に対して、殴る、けるの暴行のほか、炭や唐辛子を食べさせたり、さらには利用者の預金流用や横領を行っていたとの虐待が平成16年に新聞報道等によって発覚しました。

事件発覚当時の原田秀樹施設長とは九州・山口自閉症施設協議会の活動を通して親交がありました。

虐待事件が発覚する前、九州・山口自閉症施設協議会職員研修会が福岡県で行われ、カリタスの家を視察した際に、立ちふさがるように私の前にふらふらと現れた利用者がいました。

彼は暴力をふるう訳でもなく、無言で何かを訴えているように見えました。同行した木下支援員も同じことを感じたらしく「園長に何かを訴えたいのではないか」と言いました。

園舎は施錠され、臭気が漂い、半裸で過ごす利用者もいて、日中活動や散歩を行っている形跡がないなど、虐待と思われる場面に遭遇したことから、原田秀樹施設長にこのままでは大変なことになると強く迫りましたが、残念ながら改善されることはなくその後虐待事件として発覚しました。

大分県知的障害者施設協議会で、この事件を契機に倫理綱領を作成することになり、私が委員長になって、会員施設から推薦された委員と一緒に倫理綱領と行動規範を作成し、職員採用時に人権の誓いに署名して提出するようにしました。

めぶき園では朝のミーティングや職員会議の冒頭に職員全員で唱和しました。その後、合理的配慮や安全・健康への配慮を追加して、萌葱の郷独自の倫理綱領と行動理念、保育・教育・支援の原則を策定しました。

カリタスの家の概要と設立の趣旨

カリタスの家は原田芳枝前施設長が中心になって、定員30名、ショートステイ3名、強度行動障害特別処遇事業4名と通所部10名の施設として平成10年に開所しました。

カリタス通信第6号（平成12年8月発行）によると、『強度行動障害があるために、どこも受け入れる施設がなく、社会の片隅に置いてきぼりになっている人たちにとって何よりも大事なことは、施設の専門性であり、専門施設で適切な療育を受けることで、人として当たり前の暮らしが得られる。カリタスの家は暗黒の荒波の一筋の明りのように、カリタスの家を頼みの綱として、この場を選ばれました。

間違ったかかわり方をするために、問題行動がひどくなっていく、強度行動障害は2次障害であり、療育の基本は「心」だとして、心の叫びに耳を傾け、そのサインを理解し、不安定な心を充たしてあげる。威張らず、焦らずをモットーにして、今まで理解されなかった心を一つ一つ、一人の人として理解し、心を常に忘れることなく係わっています。その成果は確実に上がっています』・・・と書かれています。

報道による虐待の概要

① 利用者に「顔がいいか、腹がいいか」と言って、ボクシンググローブで殴った。

② 「これ、おいしいよ」と言って唐辛子を食べさせ、「コーヒーだよ」と言って木酢液を飲ませた。苦しそうに涙を流したり、吐き出す姿を見て、職員は笑っていた。

③ 食事が遅いと「いらんなら、さげるぞ」と言って、利用者の首を絞めたり、テレビ用のリモコンやコップで顔を殴り、眉の上を切った。

④ 気に入らない利用者の頭を何度もスリッパで叩いた。

⑤ 施設長は利用者に沸騰した湯で入れたコーヒーを無理やり3杯も飲ませ、目や喉、食道のやけどで約1ヶ月の重傷を負わせた。

⑥ 利用者の下半身を数回けり上げ、重傷を負わせながら「同室の利用者による暴行が原因」と虚偽の報告をしていた。

⑦　前施設長が利用者の預金口座から、９００万円を勝手に引き出し、施設の建設資金に流用していた。

⑧　利用者がパニックになるたびにリネン袋に詰め込み、別室に数時間から一晩、放置していた。袋詰めは恒常的に行われ、疑問に感じた職員もいたが黙認していた。

虐待を受けた利用者は、障害が重く、会話のできない、抵抗できない人に限られ　判明しただけで、10人以上いました。

虐待を繰り返していた職員は、過去３年間で少なくとも５人にのぼり、暴力に抗議して退職した職員や虐待を疑っていた保護者もいました。

直接処遇にかかわる職員は約20名ですが、３年間で退職者は22名に達し、退職理由の多くは、原田秀樹施設長の施設運営や給与への不満、虐待職員の存在などでした。

平成16年に退職した20代の女性職員は「相次ぐ虐待を施設幹部に抗議しても変わらなかった。利用者に申し訳なく悩んだが耐えられなかった」と話しています。

３年前に退職した30代の男性職員は「利用者を軽んじる施設運営に納得いかなかった」と打ち明けました。

帰省した子どもの胸の青あざに気付き「職員にやられた」と直感し、施設長に問いただそうとしましたが「口を出せば、施設を追い出される」と不安になり思いとどまった母親もいました。

カリタスの家事件の顛末

平成16年11月の毎日新聞等の報道によれば、『平成10年9月の開設以降、職員が利用者の下半身をけって重傷を負わせたり、首を絞めるなどの暴行を繰り返していた。また、炭や唐辛子を食べさせたり、木酢液を顔にかけるなどの行為もあった』とあります。

平成12年3月の理事会議事録には『日常的に暴力行為が行われていると思う、指導が必要』との指摘があったことが記載され、何人もの関係者が県に実情を訴え、NPO法人「人権オンブズ福岡」も再三処遇面への県の指導を求めていましたが改善されることはありませんでした。

これらの記事から虐待行為は施設開設当初から行われており、常態化していたと思われます。入所者数人が一部の職員に改善を訴えたり、虐待した職員への直接抗議を考えましたが、報復を恐れて断念しました。

毎日新聞の調査がきっかけで福岡法務局が人権侵犯の可能性が高いとして暴行や傷害容疑などでの刑事告発を視野に立ち入り調査をしました。

その後、福岡県と福岡市、北九州市が立ち入り調査に乗り出し、次々と虐待の凄惨な実態が明らかになる一方で、利用者の預金流用も明るみにでて、県の特別監査が行われました。

福岡県議会代表質問で、公明党が「カリタスの家」の暴行事件で県を追求し、県の対応は不十分だとして、県議会議員団が「カリタスの家」を視察し、障害者虐待防止法の議員立法のきっかけになりました。

平成17年1月に福岡法務局が刑事告発し、平成19年2月、カリタスの家施設長原田秀樹被告に対し、福岡地裁は懲役1年6ヶ月、執行猶予3年の判決を言い渡し、同年7月に福岡高裁が地裁判決を支持し、被告の控訴を棄却しました。

法人理事は総退陣し、社会福祉法人新光会が経営を引き継ぎ、「光が丘学園」として再出発しました。

虐待の背景

原田芳枝前施設長から、「福祉や教育の大学や専門学校の卒業者や経験のある職員は採用しない」と聞いたことがあります。理由はよく覚えていませんが、「生半可な知識があると扱いにくい。何も知らないほうが扱いやすい」といったような理由だったと記憶しています。

専門性を軽視する発想からは自閉症や行動障害に対しての理解が深まるはずもなく、施設長も実務経験が乏しく、スーパーバイザー不在のなかで、専門知識も経験もない職員が重い知的障害を伴う行動障害の激しい利用者に対してどのように支援すればよいのかわからないままに接すると、注意したり、叱ったりを繰り返したあげく、行動障害が治まらないばかりか、むしろ状態が悪化することで、精神的に疲弊し、利用者に対して嫌悪感や敵対感情を持つことになり、暴力や拘束などの虐待へとエスカレートすることは容易に想像できます。

私が勤務した滝乃川学園でも処遇困難な行動障害の激しい自閉症児に知識も専門性もない職員ばかり配置し、鍵をかけて閉じ込め、ただ食事と身の回りの世話に終始し、私が就職した前年の1年間に15人の職員が退職するなど極めて悲惨な状態でした。

私が着任した時は私の他に20歳前後の女性職員が3人で、3人とも経験はなく、就職してから6ヶ月に満たず。未経験者ばかりで専門性はありませんでしたが、子どもたちをこのまま放置してはいけない。ごく当たり前の生活を保障したいとの強い思いから、環境の改善、日中活動の提供等の様々な取り組みを通して、行動障害を改善しました。

従って最終的には、トップに立つ者の意志や考え方次第だと思います。虐待が蔓延するようになるとその状況にいたたまれなくなった職員が辞め、虐待にマヒした職員が残り、虐待が常態化する結果になります。

虐待の背景にある根本的な問題は、我が国の貧しい福祉制度にあるとの意見もあり、確かにそのことも一因だとは思いますが、障害者総合支援法が施行されたことで、職員の増員や待遇の改善等の労働条件は向上しました。

まともな経営・運営をすれば、地方公務員に準ずる職員処遇は可能です。萌葱の郷の場合は管理職への途用の道も開かれており、70歳前後まで同職にとどまって働くこともできます。

２０００万円を超える退職金、休みがきっちりと取れること、残業やサービス残業が極めて少ないこと、男女の賃金格差がないこと、育児休業や病気入院に対する独自の保障制度など、地場の一流企業と比較しても遜色のない労働条件を実現しています。

萌葱の郷では、心理学、社会学、教育学、保育等の学卒者を優先的に採用しています。無資格者も人物と熱意があれば採用していますが、通信教育や受験などへの勤務配慮や資格取得時に奨励金を支給するなど、積極的に資格取得をバックアップし、多くの職員が採用後に資格を取得しています。経験豊富な職員の中途採用も多く、管理職全員が生え抜きの職員です。

療育や支援、保育や教育の基本理念がないこと、スーパーバイザーの不在、研修や育成を軽視することが虐待構造を生み出す最大の原因です。

私は職員をプロとして誇りとプライドを持って働いてほしいと考えています。職員が誇りやプライドの持てない職場は虐待の温床です。そうならないためには組織のトップの情熱や哲学、スーパーバイザーとしての専門性が問われます。

2 津久井やまゆり園殺傷事件

平成28年7月26日未明に戦後最悪の凄惨な殺傷事件がおきました。災害、事件、テロ、北朝鮮問題、新型コロナウイルス等々、次々と衝撃的な出来事が発生し、世の常ですが、最近では話題になることも少なく、多くの人にとって過去の出来事になりつつあります。

しかし失われた命が戻ることはなく、被害者や保護者の方々が受けた心の傷が癒されることはありません。

重い障害を持つ人たちの支援に携わる私たちにとって決して忘れてはならない事件であり、二度とこのようなことが起きないようにすることは私たちの責務です。そのような観点から当時の新聞報道に基づいて、津久井やまゆり園殺傷事件を考察します。

事件の概要

① 事件発生日時

平成28年7月26日未明

② 容疑者

植松聖元津久井やまゆり園職員
平成２年１月20日生（犯行当時26歳）
平成24年３月　帝京大学文学部教育学科卒
平成24年12月１日　津久井やまゆり園に非常勤職員として就職
平成25年４月１日　常勤職員に登用
平成28年２月19日　同園退職

③　犯行概要

津久井やまゆり園に入所している意思疎通のできない重度の障害者を多数殺害する目的で、平成28年7月26日未明に相模原市緑区の同園敷地内の通用口の門扉を開けて侵入し、外部への通報を防ぐために同園職員を結束バンドで緊縛し、寝ている利用者を次々と、柳刃包丁で刺し、19名を殺害し、職員2名を含む26名に重軽傷を負わせました。

④　犯行経過

平成28年1月頃

地元の先輩に「障害者はいらない。障害者がいなくなれば世界が平和になる。そういうお告げがあった」等と話す。

平成28年2月14日

衆議院議長公邸に行き、犯行を予告する手紙を渡そうとするが断られる。

平成28年2月15日

再び、衆議院議長公邸に行き、座り込みをするなどして、無理やり手紙を渡す。

平成28年2月18日
職場の人に「障害者を殺す」と話す。
平成28年2月19日
津久井やまゆり園が警察署に通報する。
警察官と面談した後、病院での受診を受けて「躁病」と診断され、「他害の恐れがある」として、緊急措置入院となる。同日付で、津久井やまゆり園を退職する。
平成28年3月2日
病院を退院する。
平成28年6月頃
髪の毛を金髪に染める。
平成28年7月26日未明
施設に侵入して45名を殺傷する。
ＡＭ２：40頃
施設から大変なことが起きたと１１０番通報がある。

AM2：50頃
植松容疑者がTwitterに自撮り写真を投稿する。
AM3：00頃
植松容疑者が警察署に自ら出頭し、殺人未遂容疑と建造物侵入の容疑で緊急逮捕される。

植松容疑者の人物像

子ども好きで、近所の人や子供の頃を知る人からは「笑わせることが得意な明るい子どもだった」「人に優しく誰にも親切」「事件を起こすような子じゃなかった」等の声が寄られた一方で、高校時代から差別発言を繰り返していたとの情報もありました。

大学在学中の20代前半から、不良仲間とみられる交友関係を持つようになり、上半身から下半身にかけて、体一面に入れ墨を入れ、髪を金髪に染めて、大麻の陽性反応が出ました。この頃から両親が自宅を出て、一人暮らしをするようになりました。

津久井やまゆり園就職当初は「施設の入所者がかわいい」と意欲的でしたが、事件の2

年程前から「思うようにいかない」「大変だ」と周囲に話すようになり、元職員の女性は、職員から「植松容疑者が入所者に暴力をふるっており、どう対処していいのか分からない」との相談を受けています。

精神鑑定では、「自己愛性パーソナリティ障害」「大麻精神病」「非社会的パーソナリティ障害」「妄想性障害」「薬物性精神病性障害」等の診断がなされています。

凶行に対しての悔悟や被害者に対しての謝罪の言葉はなく、自らの犯行を正当化しています。

事件の反響

就労支援施設を破壊するとのメールや、水戸市で脅迫文がばらまかれたり、障害者支援施設への脅迫電話等の模倣犯が現れ、植松容疑者の凶行を称賛したり、擁護するような書き込みが多数みられました。元東京都知事の「ある意味わかるんですよ」との発言からも植松容疑者の行動を容認する思想が少なからず存在すると考えられます。

蔓延する差別や排斥の思想

人権と平等が叫ばれますが、障害者に限らず、移民、異文化や宗教の違い等、異質なものを排斥する思想「ヘイトクライム」や「ヘイトスピーチ」が世界中に満ち溢れています。植松容疑者に確かな思想的背景があったとは考えられませんが、過激思想の影響を受けて、ごく普通の市民がテロリストになるように、植松容疑者がそうした思想に影響をうけたことは想像に難くないと思われます。

挫折と歪んだアイデンティティ

子どもの頃を知る人からの「笑わせることが得意な明るい子だった」との声に代表されるように、幼少期はごく普通の子どもだったと思われますが、親との軋轢や挫折を経験し、不良仲間と交友し、体全体に入れ墨を入れるなど、生活が一変しました。

津久井やまゆり園に就職し、当初は「利用者がかわいい」と言っていましたが「思うようにいかない」「大変だ」と周囲に漏らし、利用者に暴力をふるうようになり、「生産性のない障害者はいらない」と考えるようになって、障害者大量殺傷事件を起こすに至りました。

植松容疑者は、障害者を抹殺することで、自らのアイデンティティを保とうとしたとも考えられます。

犯行経過をみると、事件を予見しうる情報があったにもかかわらず、防止できなかったことは極めて残念です。

これまでに被害者に対しての謝罪の言葉はなく、自らの犯行を正当化していると伝えられています。植松容疑者にとって、被害者に謝罪することは自らの行動と人生を全否定することになります。

植松容疑者の刑が執行される前に自らの犯した罪に気づき心から悔悟し、被害者に謝罪することが彼に残された最低限の人としての責務だと思います。

無理解や専門性の欠如が虐待の元凶

津久井やまゆり園は、自閉症や重い知的障害があり、行動障害の激しい利用者の方が数多く在籍しています。そのような方の支援に携わることは、高い倫理性と専門性が問われます。

カリタスの家事件と同様に、こうした状況に置かれ、障害に対しての理解や専門性を持たないままに、障害者支援の仕事に携わり、意義を見出せず、プライドを持てない場合、植松容疑者のように行動に移すことは稀だと思いますが、「障害者はいらない」とする歪んだ価値観を持つにいたることはありうることだと思います。

誰もが植松容疑者になりうる

障害者虐待防止法や障害者差別解消法が施行され、建前として受け入れられていますが差別や虐待は後を絶ちませんし、そうした露骨な差別や虐待に至らないまでも、差別や虐待は良くないと思っている人の中にも差別意識は存在します。障害者虐待防止法や障害者差別解消法を必要とする理由もそこにあります。

若い頃に障害者運動で街頭活動を行っていましたが、「生産性のない障害者は存在する意味がない」という趣旨の発言を聞くことが何度かありました。抹殺を正当化する人もいました。障害者施設やグループホーム、特別支援学校建設の反対運動は今日もなくなりません。

その人たちに障害のある人たちの存在（命）を否定しているとの自覚はありません。障害を自分とは関係ないものと考えたり、可愛そうな人という発想は、障害者は生きる価値がないとして、殺害した植松容疑者と同根の思想です。

私は、福井達雨先生から身近な私たちこそが、最大の差別者であり、謝り続けなければならないと教わりました。多くの人に差別をしているとの自覚はありませんが、差別者としての自覚がないままに、追い詰められれば、社会的弱者の障害者を虐待してしまいます。

二つの事件が意味するもの

私は滝乃川学園に就職する前に、障害者運動を立ち上げながら、中途で投げ出したことがあったために、何があっても辞めない覚悟を決めていたことと、彼らの置かれた環境や状況が極めて非人間的であったことに対しての義憤から踏みとどまりました。

数年の取り組みの結果、身辺自立を中心に大きな成長が見られ、行動障害の多くが改善し、施錠などの拘束なしで落ち着いた生活ができるようになりました。

私が滝乃川学園に就職した昭和46年当時は施錠などによる拘束、直接的な暴力、軽度の利用者を私的に使役するなど、利用者を底辺とし、経営者を頂点とするヒエラルキーが定着し、多くの障害者施設で虐待が常態化していました。

そうした環境に置かれた場合、感覚がマヒし、自らの行為が虐待だと気づかなくなります。正直に告白すると私も例外ではありませんでした。

滝乃川学園には18年間在籍しましたが、一職員としての立場からの改革に限界を感じて、職員主体ではなく、利用者の人権が守れる理想的な自閉症施設、自閉症療育を極めたいとの思いから、平成3年に自閉症者施設「めぶき園」を開設しました。

めぶき園でも開園当初に利用者の他害行為によって職員が噛みつかれて痣だらけになったり、骨折したことがありました。噛みつきや骨折、弄便の場面に直面すると、確固たる信念と充分な修練を積んでいなければ、冷静さを失い、反射的に否定的な対応を取ってしまい、虐待に結びつきかねません。

めぶき園でも当初はそういった場面もみられましたが、労働条件や働く環境を改善し、質の高い職員を採用し、スーパービジョンによって職員の行動や環境を検証し、行動障害は不適切な環境や支援の結果による二次障害という理念に到達し、職員がプロ集団として成長する中で、萌葱の郷の理念や哲学、支援や教育、保育の質が向上しました。

カリタスの家事件や津久井やまゆり園の障害者大量殺人事件は特異なものではなく、どこでも起こりうると考えるべきだと思います。

自閉症や行動障害への支援のあり方はかなり明らかになっています。様々な理論や技法に精通し、実践場面で経験を積んだスーパーバイザーのもとで、スーパービジョンを受けながら学び、修練を積み、専門性を身につける必要があります。

支援者がバラバラに違った支援をすると、自閉症の人は混乱し、行動障害を強化する危険性があります。個人プレーではなく、共通認識のもとにチームプレーで接することが大切です。支援によって行動障害が軽減されることは支援者にとって励みであり、学びであり、感動です。

障害者支援の仕事は、誰でもすぐにできるほど簡単なものではありません。本来は倫理観や基礎的な知識のある人材を採用し、実践を通して有能な支援者として育成し、プライドと誇りを持って働ける環境を整える必要があります。

現状の障害者福祉に携わるスタッフの労働条件や社会の認識はあまりにも低く、そのことは、とりもなおさず、社会が障害者を生産性のない価値のないものとして捉えている証左です。事件を引き起こした個人の問題として捉えるのではなく、社会構造から生み出され、私たち一人ひとりに突き付けられた問題と考えるべきだと思います。

第7章

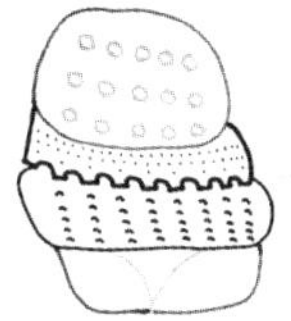

スーパーバイザー養成
日本モデルの提案

大分県発達障がい支援専門員養成研修

教育や福祉の現場でのスーパービジョンがなおざりにされ、理解不足や間違った支援の結果、二次障害が生じることが少なくないことから、大分県では大分県発達障がい者支援センター連絡協議会を実施主体に平成18年度から発達障害児・者への支援を行う医療、保健、福祉、教育、保育、労働の各分野の実務に携わり、一定程度の実務経験のあるスタッフを対象に発達障がい支援専門員養成研修を行ってきました。

支援専門員養成研修の特色は座学としての講義にとどまらず、自閉症専門施設、早期療育機関、特別支援学校、医療機関を視察し、自閉症専門施設や早期療育機関での実務研修、家族会への参加や当事者支援、事例検討等を初級、中級、上級と3ヶ年かけて学ぶ画期的なものです。

県福祉行政、県教育行政、大分県自閉症協会、専門医療機関、自閉症専門施設等の発達障害に関わる県内の主要な機関が運営委員となり、大分県発達障がい者支援センターが事務局を務めて実施してきました。

毎年30名の定員に対して、医療、保健、福祉、教育、保育、労働、行政の分野から、

150名前後の申し込みがあり、開始3年後の平成20年度末からは毎年約30名の支援専門員を輩出しています。

支援専門員は医療、保健、福祉、教育、保育、労働の関係機関を網羅し、支援専門員の会を結成し継続研修と研修会の企画や自閉症啓発デー等の行事への協力、ブロック活動や市町村事業として関係機関へのスーパーバイザー派遣を実施しています。

支援専門員養成研修が年数を重ねることで数百名の支援専門員が医療、保健、福祉、教育、保育、労働の各機関、県内全域に存在し、身近な地域にスーパービジョンの体制が確立することで、大分県内の発達障害支援の質や関係機関連携が飛躍的に向上し、地域に根ざしたインクルーシブな保育や教育が実践され、早期療育の成果が上がり、強度行動障害事例が大幅に減少しています。

NHKの取材を受けて全国に紹介され、厚生労働省からも視察に訪れ、高い評価を受けた大分モデルを国の事業として全都道府県で実施すれば、発達障害支援の質や関係機関の連携が飛躍的に向上することから、厚生労働省に働きかけ、当時の小林真理子専門官が賛同し、「イガラシさんやりましょう」と言ってくれました。

実施寸前でしたが、聞くところによるとある自閉症専門施設の施設長から様々な理論や実践を学ぶことで、現場の支援員が混乱するというような趣旨の横やりが入り、実現しませんでした。大分では可能でも全国の発達障害者支援センターが実施するのは困難との意見もあったと聞いています。

今からでも遅くないので、発達障害者支援センターの主要な事業として位置付けて実施するべきだと思います。この事業を実施することで、発達障害者支援センターの抱えている課題の多くが改善され、日本のみならず世界レベルでも先進的な取り組みになることは間違いありません。

自らのこだわりのために、この事業を潰した罪は軽くないと考えています。出来ない理由を列挙するのではなく、一歩を踏み出すことが重要だと思います。

発達障害支援スーパーバイザー養成研修

信奉する理論以外を幅広く学ぶことは有害だと考える立場からの妨害により、支援専門員養成研修を国の事業として全都道府県で実施する計画が頓挫しました。

当時、私が全国自閉症者施設協議会（現・一般社団法人全日本自閉症支援者協会）の会

長だったことから、全国を対象とした発達障害支援スーパーバイザー養成研修プランを日本財団に提案しました。

助成先として日本財団を選んだのは、日本財団は既成の枠にとらわれず、先進的な取り組みを展開しており、意義と熱意が伝われば、採択される可能性があると思ったからです。日本財団の花岡隼人氏に事業の意義と熱意を伝えることができて、3年間の有期限の助成事業として採択されました。当初の予定より、1年延長され、平成26年度から29年度までの4年間実施することができました。

前期・後期各3日間の集合研修は日本財団の大会議室で実施しました。

集合研修は、前期10講義、後期6講義、講師は当事者、保護者、実践家、医師、研究者、関係団体代表、厚生労働省専門官、特別支援教育調査官に依頼しました。

演題は「親として専門家に期待すること」「発達障害の特性」「虐待防止と権利擁護」「発達障害福祉行政の展望」「発達障害支援の現状と課題」「受容的交流療法」「構造化された指導や支援のアイディア」「自閉症支援の基礎となるもの」「自閉症の動作法」「当事者からのメッセージ」「発達障害の応用行動分析」「高機能広汎性発達障害」「発達障害の就労支援」「アセスメントの力を高めるためのスーパーバイザーの役割と事例検討」「発達障害を巡る

諸問題」の16講義でした。

講義のテーマは出来る限り幅広く、講師も各分野の日本を代表する方々にお願いしました。各5日程度の実務研修を北海道から九州までの15会員施設から、2箇所の実務研修施設を選んで受講し、地域の当事者団体での研修を義務付け、16講義を含む全ての報告書を提出したことをもって修了することにしました。

公的資格が得られるわけでもなく、任意団体の限られた募集で、3週間以上の時間と旅費等を含めると数十万円の費用がかかることから、どれだけの受講者が集まるか不安なスタートでしたが、50名の募集に対して、大幅に定員を超える受講希望者がありました。集合研修は受講者の人数制限はありませんが、実務研修には一定の限界がありますので、最終的に定員を超える80名の受講者を受け入れることにしました。

受講者のアンケートを取りましたが、全ての集合研修と実務研修で「大変参考になった」と「参考になった」を合わせて90％を超える高い評価を得ることができました。自由記述では「日程がハードで厳しかったが大変勉強になった」「県内・外の人とのネットワークができた」「中身の濃い集合研修と全国規模での実務研修と実りの多い研修だった」「今まで受けた研修の中で最も有意義だった」「フォローアップ、スキルアップの研修をお願いします」等の感想が寄せられました。

実務研修受入法人からも「受講者から学ぶことが沢山あり、支援を見直す機会となりました」「後日、受講者の事業所を訪問させて頂いたり、ネットワークが構築されました」「しんどい研修受け入れでしたが、自分たちも沢山の財産と課題をいただきました」等の感想が寄せられ、本養成研修を多くの人が求めていること、発達障害理解、支援の質向上と関係機関連携の決定打になることを再確認しました。

大分県発達障がい支援専門員養成研修と発達障害支援スーパーバイザー養成研修を融合する。例えば参加者募集と実務研修は各都道府県単位で行い、集合研修は全国の受講者が一堂に会して実施すれば、大分県発達障がい支援専門員養成研修の例に見られるように発達障害に関わる医療、保健、福祉、教育、保育、労働、行政の各分野からの受講者が参加することで、日本を代表する講師の講義が受けられ、各都道府県の修了者のネットワーク、さらには全国のネットワークが形成され、世界モデルになる可能性があると思います。

スーパーバイザー養成研修の課題

受講希望者も多く高い評価を得ましたが、課題もありました。トータル３週間に及ぶ研修に参加し、全講義、２法人での実務研修等全ての研修報告書を提出して修了することは職場の中核的なスタッフでもある受講者にとって大きな負担となり、平成26年度が63名、平成27年度が54名、平成28年度が49名、平成29年度が42名の約65％の修了者にとどまりました。

年度が下がるほど修了者が少ないのは、受講者には責任のある立場の人が多く、様々な都合で全ての研修に参加できないなど、複数年度をかけて修了する受講者が多かったためです。

本来であれば、報告書を採点して合否を決めるべきですが、報告書は２千数百枚に及ぶ膨大な紙数で、本業の傍ら事務局でその全てを読み込んで採点することは不可能でした。この点については専任のスタッフが必要だと思います。

フォローアップ研修の希望が数多く寄せられたこと、全日本自閉症支援者協会としてスーパーバイザー認定を目指すという趣旨から修了者対象のアドバンスコース、資格認定審査を企画しましたが、助成が打ち切られたこともあり、課題として新体制に引き継ぎました。平成26・27年度の修了者86名へのアンケート調査によると62名（72％）の方がスーパーバイザーとして活動していると回答し、100回以上の方が2名で、平均10回程度との回答が得られました。この結果から既にスーパーバイザーとして機能していることが実証されました。

実務研修先によって研修内容や質に濃淡があることも課題としてあげられました。実務研修担当者会議を開いて研修プログラムを平準化することの必要性から、モデルプログラムを作成しました。各法人の特色を生かすことも重要だと思いますが、検証する中で、実務研修法人の質の向上にも寄与すると考えられます。

虚偽の虐待通報

平成29年度のスーパーバイザー養成研修の受講者から実務研修施設で虐待があったとの文書が日本自閉症協会に送付され、日本自閉症協会が当該県に通報したことから、同施設にT市の調査が入り、調査への対応に多大な時間と労力をさかれたうえに、虐待施設との風評が立つという事件がありました。

私は既に会長を辞任した後のことでしたので、役員会で配布された文書を後日見ることになりましたが、文書を読む限りにおいては看過できない虐待の事実が列挙されていました。

当該実務研修施設は受講者の評価も高く、施設長も旧知の間柄で、先進的で高い実践をしていると評価していましたので、文書の通り利用者の尊厳を踏みにじる人権侵害や虐待が行われていたとしたら極めて深刻な問題だと考えて、当該実務研修施設で研修を受けた受講者全員にアンケート調査を実施しました。この時点で自閉症協会に送付された文書が虚偽のものだとは夢にも思いませんでした。

アンケート調査からは「素晴らしい実践をしておられ、そのような場面は見なかった」「実務研修中に虐待と思われるようなことはなかったが、裏でそのようなことが行われていたのだろうか」等の意見が寄せられましたが、虐待の事実を目撃したとの回答はありませんでした。

その後文書を書いた本人を特定することができましたので、同日程で実務研修を受けた数名の受講者に文書で指摘しているような具体的な事実があったかどうかについて再度アンケート調査を行いました。その結果、文書で指摘されたような事実がないことが判明しました。

障害者虐待防止法の第16条に「障害者福祉施設従事者による障害者虐待を受けたと思われる障害者を発見した者は、速やかにこれを市町村に通報しなければならない」と記載されていることから、通報義務者は当該文書を書いた者であるべきです。自ら通報しないで自閉症協会に文書を送付したのは、本人に虚偽の認識があったからだと思います。

今回は、たまたま同日程で実務研修を受けた受講者にアンケート調査を実施して事実無根であることが明白に証明されましたが、虐待の事実がないにもかかわらず、関係団体に虚偽の文書を送りつけることによって、調査に多大な時間と労力を要し、T市の調査で虐待は認められなかったとの結果が出ましたが、事後の調査で全てが明らかになるとは言い切れず、なんらかの虐待があったのではないかとの疑義が残ることは避けがたいと思います。

自ら通報するのではなく、虚偽の文書を自閉症協会に送り付け、当該施設が調査を受けることで多大な被害を蒙りました。自閉症協会も送付された文書が捏造だとは思わなかったのでしょうが、何の瑕疵もない法人や施設に対して、悪意をもってこのような事が行われたとすれば極めて卑劣な行為です。

この件について、通報された実務研修施設の施設長が相談した弁護士は明らかな名誉棄損としての訴えが成立すると助言しましたが、法人としての訴えはなされないままに当該施設長が辞職する結末になりました。

この事件があったのはスーパーバイザー養成研修最終年度の平成29年度で、この年度の研修報告やアンケートの中に自らが依拠する考え方と違う講義について、根拠を明らかにしないまま時代遅れだとか、エビデンスが無いなどと全否定するような感想が寄せられました。

26年度から28年度までの全ての受講者の研修報告やアンケートがスーパーバイザー養成研修の各講義や実務研修を高く評価する内容だったことからすると、スーパーバイザー養成研修そのものに対して否定的な考え方を持つ者が意図的に参加したとも考えられます。

今回は、複数の受講者の証言（アンケート）により、事実無根であることが判明しましたが、もしアンケート調査をしなければ、うやむやになっていたのではないかと思います。

勿論、虐待は絶対にあってはならないことですが、根拠のない誹謗中傷に対しても何らかの社会的責任が問われるべきではないかと思います。

病魔と闘いながら

全日本自閉症者施設協議会が法人格を持たない任意団体だったことから、副会長だった一般社団法人日本自閉症協会と共催で実施することにしました。このことから法人格が必要だと思い一般社団法人に組織変更することを決意しました。

心筋梗塞の後遺症と過労から平成24年6月に心不全で入院し、その後、平成25年1月、26年9月と不整脈で入退院を繰り返し、ＩＣＤの埋め込み手術、さらに同年12月に大動脈瘤手術を受け、術後は自力で歩けないほどに衰弱しましたが、ちょうどこの頃に入退院の合間をぬって、発達障害支援スーパーバイザー養成研修に取り組んだことになります。

平成26年7月の集合研修は入退院の合間で講師も無事に務めることができました。平成27年2月に大分大学医学部附属病院を退院した翌日から職場に復帰しました。車の運転は勿論のこと、歩くこともおぼつかず、職員に支えられて送迎してもらいました。

そんな状況の中、3月の後期集合研修のため、東京に出張しました。妻に付き添ってもらい東京での移動は全てタクシーを利用（自費）しました。平成28年3月の後期集合研修は事前の打ち合わせ中に母の訃報が入り、急遽大分に引き返しました。29年3月の後期集合研修も体調を崩し、東京出張を見合わせました。

体調不良から、全国自閉症者施設協議会の会長の職務を遂行することは困難と考えて、平成28年6月の総会で一般社団法人に組織変更することを決議して会長職を辞任し、旧知の杉の子会の松上利男氏に引き継ぎました。

引き続き副会長としてスーパーバイザー養成研修を担当しましたが、日本財団の助成が終了したのを期に副会長を辞任しました。

スーパーバイザー養成研修は全日本自閉症支援者協会の事業として継続することが決定し、東京の社会福祉法人嬉泉の石井啓副会長が引き継ぎました。

生と死

これまでに何度か死にかけたことがありましたが、平成23年12月に滝乃川学園120周年記念式典に招待されて式典が終わり、JR中央線の電車に乗り、ホテルに戻る途中で全身から力が抜けるような虚脱感に襲われ電車の床にしゃがみこんでしまい人生で初めて席を譲られました。この時は暫くして落ちついたので単なる過労だろうと思っていました。

平成22年5月に役員でも理事でもなかったにも関わらず、全国自閉症者施設協議会（現・全日本自閉症支援者協会）の会長に選出されました。他に自閉症協会副会長、大分県知的障害者施設協議会副会長を含め数多くの役職を与えられたことから、日帰りで東京に出張することもあり、当時の手帳が真っ黒になるほど予定が入っていました。

平成24年6月に体調を崩して近くの医院を受診したところ、風邪との診断で薬を処方されましたが、全身のだるさが強く症状が改善しないので、心臓が悪いのかもしれないと医師に訴えて地域の総合病院を紹介してもらい受診したところ、重症の心不全との診断が出てそのまま1ヶ月近く入院しました。この時の心臓カテーテル検査で大動脈瘤が2カ所あることが判明しました。

その後、平成25年1月、26年9月と不整脈で入退院を繰り返し、大分大学医学部附属病院に転院し、ＩＣＤの埋め込み手術を受けました。さらに同年12月に大動脈瘤手術を受けました。

術後は病棟内をウォーキングするほど経過も良く年内に退院する予定でしたが、消毒済みの鉗子の在庫がないとの理由で、年明けまで入院を延長せざるをえなくなりました。年明け早々に大出血し、結局2ヶ月半入院しました。

病室で私の誕生祝をした翌日、病室で妻と話している時に突然腹部が痛み出し、すぐに意識を失ってしまいました。意識が戻ったのは集中治療室（ＩＣＵ）でした。意識を失っていた間に総天然色の風景や白装束の集団に運ばれるような不思議な体験をしました。

もし鉗子の在庫があって年末に退院していれば自宅で出血し、間違いなく死亡していたと思います。

集中治療室で、人工呼吸器と透析装置や複数の点滴の管に繋がれ身動きできない状態が1週間近く続きました。不思議なことに死の恐怖は全く感じませんでした。身動きできない辛さや痛みもあって、人生には辛いことや苦しいことが多く、死はむしろ救済だと悟りました。

妻や家族は土気色でむくんでいる私を見て、死を覚悟したようでしたが、私は苦しい状態にも関わらず、人工呼吸器が外れ、透析装置が外れ、徐々に快方に向かっていることにささやかな喜びすら感じていました。人間はどんな状況にも適応できることを発見しました。

そもそも心不全で入院しなければ、大動脈瘤に気づくこともなく破裂して死んでいた筈です。様々な偶然が重なって命を長らえていることに感謝しなければならないと思います。

発達障害支援スーパーバイザー養成の目的

日本では教育や福祉の現場でのスーパービジョンがなおざりにされ、理解不足や間違った支援の結果、2次障害や虐待が生じることが少なくありません。そのため、発達障害児・者への支援を行う関係機関の一定程度以上の実務経験者を対象に、第一人者による講義と全日本自閉症支援者協会加盟法人等での実務研修、さらには当事者への支援や事例研究を通して関係機関・団体及び地域の核となるスーパーバイザーを養成し、全国どこでも質の高い支援が得られるとともに、関係機関連携が深まることで、発達障害児・者に豊かな育ちと暮らしを保障し、人としての生きがいと喜びが持てる社会の実現をめざします。

真の発達障害支援スーパーバイザーを養成する

自称スーパーバイザーや、各種団体等がその団体の提唱する理論や技法に習熟することで、スーパーバイザーとして認定することは行われていますが、その理論や技法に関してのスーパーバイザーになりえたとしても、実践の場は、環境や場面、関係性が異なり、常に変化し続け、一度として同じ場面はなく、万能に機能することは難しく、実践の場で柔軟・的確・有効に機能しうるスーパーバイザーはどのようにして育つ、あるいは育てることができるのか。

まずは先人たちの実践の歴史に学ぶことも多く、イタールの「アヴェロンの野生児」セガンの「生理学的教育」、モンテッソーリ教育、日本では、戦前は日本初の知的障害児施設（障害児教育や保母養成の嚆矢）滝乃川学園創立者の石井亮一の取り組みがあります。

戦後は近江学園やびわこ学園、一麦寮、信楽青年寮を創設した糸賀一雄、田村一二、池田太郎等の今日も色あせることのない先進的な取り組みがあります。

１９４３年にレオ・カナーによる「情緒的交流の自閉的障害」と題する初の症例報告がなされ、１９４４年には、ハンス・アスペルガーが「自閉的精神病質」としてアスペルガー症候群を紹介しました。

当初、自閉症は分裂病（当時）の最早発型と考えられ、ベッテルハイムの著書「うつろな砦」等から、冷蔵庫マザーと呼ばれるなど、母親の養育態度が原因だと考えられたこともありました。

心理療法、カウンセリング、遊戯療法等によるアプローチが試みられ、一部に改善例も見られましたが、ラターの言語認知障害説以降、脳の機能障害と考えられるようになりました。

私が若かった頃に自閉症の原因論や治療法を学ぶことは、少々不謹慎かもしれませんが、推理小説を読み解くような、わくわく感があったことを記憶しています。

現代から見ると仮に間違った点があったとしても、それらの学びも無駄ではなかったと思います。

その後、感覚統合、行動療法、応用行動分析、受容的交流療法、ＴＥＡＣＣＨプログラム等、発達障害に関する療育理論や技法、ノーマライゼーションや合理的配慮等の基本理念、発達障害者支援法等の諸制度、さらには脳科学や神経生理学の進歩等々、発達障害に関連する学ぶべき分野は極めて広く、それを単なる知識に留めるのではなく、実践の中で検証し、血肉化する必要があります。

先人たちの知見を学ばずしてスーパーバイザーたりえないと考えています。

実践の場面は、常に変化し、個別性が求められることから、理論や技法に基づいて、マニュアル化するだけでは不十分であり、理論や知識だけで、実情に即したスーパービジョンはできませんが、経験だけでも、場面や個別性に即したスーパービジョンはできません。

マニュアルや知識、経験は役立ちますが、そのまま現場に当てはめることは適切ではありません。

現場に身を置き、どのような姿勢や想いをもって支援者として関わり（ハート）、理論、技法、諸制度、医療（サイエンス）さらには、直接関わりがないと思われる歴史、哲学、政治、経済、時に宗教等幅広く学び、教養を身につけることで場面に応じて自在に対応し得る能力や感性（アート）が身につきます。

スーパーバイザーは、特定の理論や技法に囚われず、自らが無知であることを自覚し、自分の考え方と違うものにも学び、自らの実践を検証し、常に進化し続ける存在でなければならないと考えています。

スーパーバイザー養成により得られる成果

私が自閉症に出会った、１９７０年頃と違い、現在は自閉症や発達障害に関する多くの本が書店に並び、セミナーや講演会も数多く開かれるようになりました。

発達障害がブームのようでもあります。しかし、発達障害のある人が学校や職場で不適応になったり、虐待事件の被害者になる事案が後を絶ちません。その原因は前項で述べたスーパーバイザー不在にあります。

大分県では発達障がい支援専門員養成研修として、スーパーバイザー養成に取り組んで、12年を迎えた時点で修了者が217名となりました（その後毎年30名ずつ増え続けている）。２１７名の修了者の出身母体は、福祉関係者（１０２名）、教育関係者（54名）、保育関係者（27名）、医療関係者（７名）、行政関係者（５名）、労働関係者（４名）、その他（18名）と発達障害に関わるほぼ全ての機関を網羅し、修了者が発達障がい支援専門員の会（通称・ＳＶの会）を結成し、生涯研修に取り組むとともに、圏域毎に支部を作り、圏域内の関係機関に支援専門員を派遣するスーパーバイザー派遣事業（市町村事業）を実施しています。

他に自閉症啓発デーの相談会、発達障がい支援専門員養成研修や県内の発達障害に関する研修会や行事等の運営に参画しています。

全国的に発達障害者支援センターに寄せられる相談件数が年々増え続けていますが、発達障害者支援センター職員が直接相談に応じられる件数には限界があります。

圏域で支援専門員が迅速に相談に応じることで、発達障害者支援センターは個別相談や個別療育、就労支援等の直接支援や普及啓発等の業務の他に支援専門員養成研修を始めとする人材育成、困難事例への対応や支援専門員のバックアップを行うことができます。

講師は発達障害者支援センター連絡協議会のメンバーであることから、謝礼は薄謝程度、実務研修は社会貢献の一環として無償で行っています。運営経費は3万円の参加費のみでまかなっています。

発達障害者支援センター職員を増員することと比較して、極めてコストパフォーマンスが高いのではないでしょうか。

特別支援学校等での不適切な対応が原因で、不登校、家庭内暴力に至り、精神病院入院を余儀なくされた事例や他の障害者支援施設等で激しい行動障害のために不適応となってめぶき園に寄せられる深刻なケースが毎年1〜3件ありましたが、関係各機関、圏域に発達障がい支援専門員が誕生したことでそうした相談ケースが減少しました。

発達障がい支援専門員が、共に学び、幅広い関係機関に養成されることから、関係機関の壁を越えて連携が深まり、保育所・幼稚園から就学へとスムーズに繋がったり、個別支援会議で専門員が出会うことで、個別ケースへの共通理解が深まったり、保育所や幼稚園に支援専門員がいることや、市町村の健診等に支援専門員がスタッフとして参加することで、早期発見と早期療育に繋がっています。

大分県では、年に30名弱の支援専門員が誕生し、今後10年で新たに３００名近くの支援専門員が誕生することで、発達障害理解と保育、教育、支援、就労、地域生活等の全ての分野で飛躍的に質の向上が図られ、発達障害のある人の豊かな育ちや暮らしの実現に繋がります。

スーパーバイザー養成研修を全国レベルで行う意義

1．全国レベルの講師による講義を行うことで、質の高い集合研修を実施することができる。
2．実務研修先が全国に亘ることから、他都道府県の様々な特色のある実務研修先で学ぶことができる。
3．養成研修を通して、全国の受講者と知り合うことで、都道府県の枠を超えた連携が生まれる。
4．全国どの地域でも発達障害理解と保育、教育、支援、就労、地域生活の質の向上と関係機関の連携が図れる。

早期療育、特別支援教育、放課後等デイサービス、居宅介護、行動援護、施設入所支援、共同生活介護、生活介護、就労支援、発達障害者支援センターと発達障害支援に関する諸制度は充実しましたが、人財育成は必ずしも充分とは言えません。制度が有効に機能し、関係機関連携を進めるには、人財（スーパーバイザー）養成が最も重要な課題だと思います。

ハウツーや特定の方法論を学ぶだけでは、スーパーバイザーは育たないと考えています。「大分県発達障がい支援専門員養成研修」及び「発達障害支援スーパーバイザー養成研修」の実績から、全国レベルで本モデルを実施すれば、発達障害関係機関から幅広い参加者が見込まれ、地域や機関の核となるスーパーバイザーが養成されることで、発達障害理解と保育、教育、支援、就労、地域生活等の発達障害に関係する全ての分野で飛躍的な質の向上と連携が図れ、世界に誇れる発達障害支援の日本モデルになると確信しています。

第8章

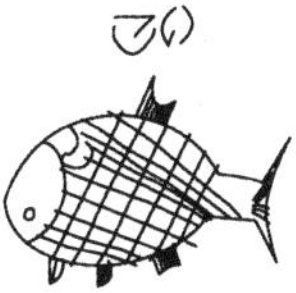

萌葱の郷メソッド

関係性の視点

石井哲夫先生から関係性の視点の重要性を学びました。自閉症支援において関係性の視点が非常に重要だと考えています。それまではどちらかというと、私は訓練・指導という操作的な手法で指導していました。実は自閉症の人たちの行動は環境や支援者の支援のありよう、態度と非常に密接な関係があると知りました。関係性の視点がまさに自閉症療育の鍵だと考えています。

安心感と信頼関係がなければ療育や支援は成立しません。自閉症療育に限らず、安心感や信頼関係があってはじめて、他者に伝えたり、教えることができると考えています。

療育の神髄

私の若いころは行動療法ですべての課題が解決するかのように思われていた時代でした。生理学的教育、モンテッソーリ法、動作法、構造化、あるいは感覚統合、ジェントルティーチング等々、様々な療育理論や方法論があります。私はこれまで自閉症の方たちと関わってきた中で、先人たちが取り組んできた療育技法や方法論は、価値のあるものだと、一定の有用性があると考えています。

しかしながら、オールマイティーな理論や方法論はありません。安心感と信頼関係が自閉症療育の基盤であり、特定の理論や方法論に囚われることは療育上マイナスだと考えています。

自閉症療育や支援は日常の生活や活動の中で利用者の個性や性格、能力、年齢、場面、そして支援者の力量や年齢、利用者と支援者の関係性、その他諸々の条件に応じて関係性の視点に立って支援者の知識と経験を生かしながら、全知全能を傾けて即興的に、心理劇における最良の補助自我としての役割を演じていくのが、自閉症療育の真髄だと考えています。

スーパービジョン

日本においては、スーパービジョンがないがしろにされています。教育の世界も福祉の世界もスーパービジョンが存在していません。例えば今までショートステイ等でお受けした方が強度行動障害になった原因に、支援者の交代などにより、支援方針が一夜にして180度変わり、そのことによって利用者が混乱して行動障害を惹起した例があります。スーパービジョンがなされないまま、独りよがりの間違った支援が行われた結果、二次障害、更には虐待を生んでいます。そもそも、スーパービジョンの重要性やスーパーバイザーを養成することへの認識が欠けています。スーパービジョンを受けながら事例検討を重ねていく中で、支援者の力量がつくと考えています。

自閉症療育のコペルニクス的転回

私は自閉症療育のコペルニクス的転回を提唱しています。利用者の課題や問題行動のみを取り上げる視点からは、障害の重さが限界になってしまいますが、行動障害を改善し、利用者の発達を保障するのは支援者の課題であって、支援者の気持ちや態度、関わり方を検証することで無限の可能性が開けます。

利用者の課題と捉えた時点で、可能性は閉じられてしまうわけです。支援者は万能ではなく、誰もが未熟さを持っています。学ぶべきことは無限にあり、支援者が成長することによって、行動障害が改善され、利用者の発達を保障することができると考えています。医療の世界では、医師の無知や力量不足によって、治療に失敗して患者さんが亡くなれば過失を問われ、裁判沙汰になって医師免許を剥奪されかねません。そこまで医療の世界は厳しい世界になっています。

教育や福祉の世界は自分たちの力量を棚に上げて障害のせいにしてすませていることが多いのではないでしょうか。

以前は行動療法を中心に訓練・指導と称されるものの全盛期でした。私も腕立て伏せ１００回とか、腹筋１００回など、かなりスパルタ的な訓練をして、何人かを就職させた経験があります。本人がその気になれば苦しいトレーニングがプラスになることもありますが、本人にその気がなければ懲罰や虐待になりかねません。

自己実現

一方的に支援者が設定した目標に向けて彼らを訓練・指導していくというのが一つの立場です。そしてもう一方は、本人の人生や生きがいを大切にして、本人の気持ちや意志を尊重しながら、自己実現を目指す立場です。

後者が今の私たちの立場ですが、経験上、どちらの考え方でも利用者がこの社会に一定程度適応して暮らしていくことは可能だと思っています。しかし、本人にとっては大きな違いではないでしょうか、もし自分が利用者の立場だったら、やはり人間性や主体性を重んじ、自己実現を大切に支援して欲しいと思うのが心情ではないかと思います。

環境整備

約50年前に知的障害児施設の重度棟で、行動障害の激しい、重い知的障害を伴う自閉症の子どもたちへの支援として最初に取り組んだのが環境整備でした。

環境整備は、専門性がなくてもすぐに取り組める筈ですが、案外なおざりにされています。薄汚れた環境や危険性が見落されていては良い支援ができないばかりでなく、いつ事故がおきても不思議ではありません。

当たり前の生活

私が知的障害児施設の現場に入った1970年頃の日本ではノーマライゼーションは一般的な考え方ではありませんでした。

施設の子どもたちにごく当たり前の生活が保障されているだろうかという疑問を持ち、訓練や指導の前にごく当たり前の生活を保障することが重要ではないだろうかと考えて、小集団の生活、瀬戸物の食器を使うとか、あるいは地域の小中学校への就学や買い物等で地域に出ていけるようにするという取り組みを推進しました。

手ごたえのある暮らし

障害者支援施設で、重度の知的障害や行動障害のある人がデイルーム等で、1日を無為に過ごしている例があります。在宅でも同様です。そのことが原因で行動障害を惹起することがあります。

目的も為すべきこともない無為な生活は誰にとっても苦痛でしかなく、彼らにとって生きがいとなる活動や当たり前の生活をきちんと保障していくことが重要だと考えています。

チームプレイ

スーパービジョンによって支援の統一と共有を図る、このことも非常に重要だと考えています。

Aという職員とBという職員が正反対の方針で関われば、利用者が混乱して当然です。知的障害児施設にいた経験から軽度の知的障害の人はある程度順応することができると思っています。だから良いという訳ではありませんが。

自閉症の人は相手や場面に合わせることが苦手なので、支援者が理念、方法論、価値観を共有し、情報収集↓分析↓計画立案↓支援実行↓評価・検証を繰り返し、チームとして常に支援を見直すことが重要です。

幅広く謙虚に学ぶ

この療育理論が最高、最善のものだと断定したり、それ以外の理論や方法論を時代遅れだとかエビデンスがないと安易に否定するのではなく、様々な療育理論や技法を謙虚に学ぶべきだと考えています。

今、医療、脳科学が長足の進歩を遂げることによって、これまで非科学的だと考えられていた理論や方法論が科学的に裏付けられることもあります。

現在すべてのことが科学的に明らかになっているわけではないことを肝に銘じて、断定的、固定的に判断することは危険だと考えています。

当然行動障害については薬物療法も活用すべきですし、ミラーニューロン等の神経生理学の新たな発見や最新の脳科学の成果も十分活用するべきです。

挑戦する脳

茂木健一郎氏は『人間の脳は「オープンエンド」。生きている限り、一生学び続ける。何歳になっても学ぶのをやめてしまうことはない。それが、脳科学が示している一つの真実である』『キムの才能が花開いたのは、人に認められたい、コミュニケーションを通してつながりたいという関係性の欲求である』『母や父といった保護者が提供する「安全基地」なしでは、子どもは未知のことに挑戦していくことができない』『親が充分な「安全基地」を与えてくれなかった人も悲観する必要はない。脳は驚くべき可塑性を持っている。どんな状況に置かれても、自分自身を変えていくことができるのだ』『結局、他人の行動を変えようと思えば、その人に話しかけ、説得し、感化するという伝統的なやり方が、まずは試みられるべきだということになるのだろう』（茂木健一郎・挑戦する脳・集英社新書）茂木氏が述べていることは障害のあるなしに関わらず普遍的な真理だと思います。

行動障害は関係者の課題

行動障害は本人だけではなく、関係者の課題です。これは既に申し上げた通りですが、例えば行動障害が激しいとき、もう投げ出したい。この人がいなければどんなに楽だろうと思うことさえありますが、必ず道は開けると信じて、投げ出さずに逃げないで、愛情を持って向き合うことが大切です。

そしていつか他人に引き継ぐ日が来ることを意識すべきです。特にこれは学校の先生方が、自分の考え方だけで指導し、担任が変わると全く違う考え方で指導する。そのことが原因で崩れるというケースがあります。

幼児教育や早期療育の場合も同じです。私たちは利用者と生涯関われるわけではなく、別の機関や次の世代に引き継ぐことを意識して支援すべきだと思います。

利用者中心

個々の利用者の現状からスタートすることが重要です。支援者側で勝手に課題を立てて、そこに向けて利用者を訓練・指導するのではなく、個々の利用者の現状を把握する。私自身そのことを痛感したことがあります。

知的障害児施設にいた頃に学習を担当していました。「あ」と書いて読み方を教えて、次をやって、もう一度戻って「これは何と読むのかな」と聞いたら「わかんない」というのです。１＋１とか２＋３とかの簡単な計算も同じで大変苦労しました。

その彼が卒園後に再会した時には働いて、毎日日記を書いて、お母さんの生活を支えていたのです。やはりその人その人にとって学習に最適な時期があり、そのことを無視して教育・訓練をしても、成果が上がらないと知りました。

折り合いをつける力

人との信頼関係に基づいて、折り合いをつける力を育てることが、自閉症療育において重要だと思います。どんなに障害が重くても、親や支援者の関わり方次第で、私は人と折り合いをつける力は育つと確信しています。人として生きていくうえで、そのことが非常に重要だということです。

障害がなくても他者との信頼関係や折り合いをつける力が育っていなければ、平気で人を傷つけたり、人の物を奪ったりするわけで、その人は不幸な人生を送らざるを得ないのです。

東田直樹さんに学ぶ

数年前にNHKで『君が僕に教えてくれたこと』というテーマの放送がありました。それをきっかけに私は東田直樹さんの本を読みました。

その本の中に、自閉症療育や支援の真髄に関わる、もちろんこの方が自閉症のすべてを代表するわけではありませんが、ここには自閉症療育のみならず、人がより良く生きていく上において、非常に貴重なエッセンスがあります。

『人に迷惑をかけるこだわりは何とかしてやめさせてください』『我慢することは苦しくて大変ですが、その時に必要なのは周りにいる人の忍耐強い指導と愛情でしょう』さらに『僕たちの気持ちに共感しながら止めてほしいのです』これはこれまでめぶき園で行動障害のある人たちに関わってきた考え方と共通するものです。

自己肯定感を育む

『自分のすべてを受け止めてもらえる体験をすることが大切だと思うのです。受け止めてくれる人が一人いれば、自分を見失わずに生きていけるのではないでしょうか』東田さんという自閉症の少年の書いた文章です。支援者たるものそういう思いを持って関わるべきではないでしょうか。

『もし自閉症が治る薬が開発されたとしても、僕はこのままの自分を選ぶかもしれません。障害のあるなしに関わらず、努力の結果幸せになることがわかったからです』とも書いています。

最高の自己肯定感です。これは深い愛情を持って育てられたお母さんの力が非常に大きいと思います。障害は違いますが、乙武さんのお母さんも非常に深い愛情をもって乙武さんを育てました。乙武さんが生まれた時にドクターは重い障害のある赤ちゃんをお母さんに引き合わせることでお母さんが大きなショックを受けるのではないかと躊躇しましたが、何日か過ぎて対面したとき、お母さんが「まあ、可愛い」と言って抱きあげたのです。まさに感動です。

私はこういう愛情こそが最も重要であり、自閉症の方一人ひとりに私たちが関わっていくときの重要な姿勢ではないかと思います。

『大好きだと伝えてください、大切なのは一人でもいいので、どれくらい深く愛されたかだと思います』これは先ほどのこととも共通するのですが、要するに、自分のことを理解している人の存在がポジティブに生きていく上において非常に大きな力になるということです。

支援の振り返り

『療育で傷つく子どももいます。親や先生にとってやってみた療育がその子に合わないと判断するのは勇気がいることですが、本人に合った療育かどうかを見極めることは重要です。そこが支援者の力量だと思うのです』これを中・高校生の年代の自閉症の青年が書いたのです。

素晴らしいと思いました。感動しました。そして『専門職も迷いながら対応していることを知りました。全ての対応がマニュアル化されたなら、僕は人生に失望するでしょう』感動して、涙があふれました。まだ他にも宝石のような価値のある言葉があります。読まれていない方は是非お読みになることをお勧めします。

東田さんはやらせではないかと言う人もいるそうですが、私は講演を2回お聞きし、講演後に一緒にお食事をする機会がありました。

スムーズにお話しできるのかなと思っていたところ、独特のお話しぶりのために内容はよく聞き取れませんでした。言葉でのコミュニケーションは苦手なのです。パワーポイントの資料がありましたので、内容を理解することはできました。

全ての講演が終わった後、質疑応答の時間があったのですが、質問に対してはポインティングを使用して、明快に答えていました。特に支援者に伝えたいことがありますかという最後の質問に対して、「自分の支援を振り返ってください」と答えたのが大変印象に残っています。準備された講演はスムーズに話せて、突然の質問には応じにくいのが普通ですが、東田さんの場合は全く逆です。

講演後のお食事に行った時は、食事場所の広い庭の隅から隅まで探索行動をして、食事が始まる時には参加者全員に「いただきます」終わりには「ごちそうさまでした」と音頭を取っていました。

それ以外に会話らしい会話はありませんでした。これらの様子から重い自閉症だということと、豊かな精神世界を持っていることを知りました。

東田さんの本を読んで、私は共感し、そして多くの点についてめぶき園で取り組んできたことは間違っていなかったという確信を持ちました。

石井哲夫先生

私の恩師の石井哲夫先生は、平成26年6月に亡くなられましたが、先生の著書の中で『治療教育150年の歴史の中で共通してその根本に言われていることは、子どもがその気にならなければ変わらない、子ども自身の気持ちが変わらなければ発達はないのだということである』と書いておられます。

これが療育や保育、教育の真理だと思います。どうしても操作的な手法を取ることが多いわけですが、やはり彼ら自身の自我に関わる支援が問われているのだろうと思います。結論として「自閉症療育は、人として敬意と愛情を持って接すること」だと、私はそのように考えています。

ハート・サイエンス・アート

思い込みや特定の理論や技法に囚われるのではなく、先人たちの知見から幅広く学び、実践を通してスーパービジョンを受けながら、自らの支援を振り返り、支援者として学び成長し続けることが大切だと思います。

私は学生時代に当時の知的障害福祉の先進地の滋賀県で自主研修し、一麦寮の田村一二先生から「この子らを世の光に」というノーマライゼーション思想を学びました。

私が昭和46年から18年間勤務した滝乃川学園は明治24年創立の日本初の知的障害児施設です。創立者の石井亮一先生の論文から『私（石井）の実践を金科玉条のように守るのではなく、後世の人には私を乗り越えて欲しい』と常に実践と研鑽を深めることの大切さや『どのように素晴らしい理論であっても「愛」がなければ価値がない』との理念を学びました。

滝乃川学園で行動障害の激しい自閉症児と出会い、施錠の撤廃や生活見直し、全員就学の取り組みを通して、人として当たり前の生活を保障することの大切さや行動障害は不適切な環境や支援の結果による二次障害だと学びました。

自閉症療育の先駆者である石井哲夫先生からできることを目的化するのではなく、関係性の視点から利用者を人として尊重し、理解しようと努め、課題を設定し、やり取りを通して、利用者の心を育てることの大切さを学びました。

自閉症者を異星人や異文化と言う人もいますが、自閉症という特性があっても、同じ思いや気持ちを持って共感し、感動し、心が通じ合うことは可能だと考えています。

萌葱の郷では、相手の気持ちを思いやり相手の立場に立つハート、様々な理論や実践に学ぶサイエンス、即興的に支援者として最良の役割を演ずるアートを保育・教育・支援の三本柱としています。

喜びの源泉

萌葱の郷では重い知的障害や行動障害のために、家庭崩壊に至ったり、精神病院に入院せざるを得ず、引き受け手のない人の支援に取り組んできました。

利用者と支援者の間に信頼関係が育ち、行動障害が改善し、笑顔が見られるようになった時、子どもや利用者の成長を実感した時、利用者の労作や作品が評価された時に無上の喜びややりがいを感じます。

萌葱の郷の仕事は子どもや利用者から感動や喜びを感じることの多いやりがいのある仕事です。

社会福祉法人の社会的使命

事業者数やサービス量は大幅に増えました。人口3万6千人程の豊後大野市においてもNPO法人や有限会社などが参入し、極端な事を言うとそう難しくない利用者を奪い合うような状況すらおきています。

そういった中で行動障害や触法などのリスクの高い人たちというのは、置き去りにされているのです。ここにきちんと対応していけるような制度なりビジョンが必要だろうと考えています。

今こそ社会福祉法人の使命を果たす時だと、先般、入所施設の剰余金の多さを厚生労働省が問題だとして、社会福祉法人にも課税すべきではないかという意見も出ています。

自立支援法は散々に不人気な政策だったわけですが、障害福祉予算が大幅に増えました。障害福祉サービス事業者も倍増、あるいはそれ以上に増えましたが、真にサービスを必要としている人たちのところに必要なサービスが届いていない現状があります。

誰のための障害福祉サービスなのか、手のかからない人を奪い合うのが本来の障害福祉サービスではないと思います。

多くの社会福祉法人が利用者の福祉向上や、困難な課題にチャレンジするとか、職員の処遇改善等に充分取り組んでこなかったことが原因ではないかと考えています。３Ｋ職場と言われる福祉施設でなぜ多額の剰余金が残るのか、こんな不可解なことはありません。非課税法人として優遇されているわけですから、積極的に社会的ニーズに応える使命があると考えています。剰余金を積み増していくのであれば社会福祉法人の公共性・公益性から見て、果たすべき社会的役割を放棄していると言わざるをえないと思います。

上記の趣旨から幼児教育や早期療育、自閉症支援の分野での当法人の専門性と先進性を生かし、誰もが安心して暮らせる社会実現のために積極的な事業展開に取り組んでいます。

萌葱の郷の特色や魅力

萌葱の郷では、子どもや発達障害のある素朴で純粋でひたむきな魅力にふれることで、感動や人としての成長を実感します。

自閉症を中心とする発達障害の早期療育から青年・成人期、親亡き後までのライフステージを通して一貫した支援を提供する自閉症総合支援センター、保育・教育・子育て・早期療育に一貫して取り組むことで障害のある子もない子も共に育つインクルーシブな社会の実現を目指す子育て総合支援センターに取り組み、発達障害と保育・教育・子育てのトップランナーを自負しています。

支援者側の価値観を押し付けるのではなく、環境や支援者の支援を検証することで、利用児・者の育ちや自己実現を目指しています。

利用児・者の生産活動として造形や機織り、陶芸等のアート活動で個性や感性を伸ばし、展覧会やアート関連グッズの製作や販売に力を入れています。

全職員がトップランナーとしての自覚を持つことで、風通しの良い、働きやすく、やりがいのある職場となっています。極めて低い離職率がそのことを証明しています。

萌葱の郷の仕事は自らの人生を豊かにし、よりよく生きることに繋がります。

給与や退職金は大分県内の市町村公務員と比較しても遜色ありません。超過勤務は少なく、サービス残業もありません。大都市と比較して大分県の物価は安く、瀬戸内気候のため温暖で自然災害が少なく、温泉は日本一、海の幸、山の幸共に豊富で、フグの肝を食べられるのは大分県だけです。

体力と気力があれば、70歳を過ぎても働くことが可能ですから老後の生活も安心です。

これほど恵まれた職場は他に無いと思います。

若い職員への期待

職員には、仕事に誇りとプライドを持ってほしいと思っています。仕事一辺倒ではなく、趣味や読書なども大切だと思います。広い視野を持って積極的に色々なことを体験し、学んで日々成長してほしいと思います。

家族や同僚に対しても相手の気持ちを思いやったり、尊重できる人間であってほしいと思います。人間は誰もが他者に対しての優しさを持っています。他者に対して優しさを持つことは自分自身が幸せになることだと信じています。

いつの時代も最近の若者はとよく言われますが、萌葱の郷の若い職員を見ていると大変誠実で真面目だと思います。そんな若者を信頼し、夢や成長をサポートできる職場でありたいと思います。

萌葱の郷で夢を実現

萌葱の郷では法人内部研修を毎月行っています。特に新人職員に対してはキャリアアップ研修を行っています。

社会福祉士、介護福祉士、保育士等の国家資格取得に対しては様々な面で便宜を図り、バックアップしています。県内研修、県外研修に積極的に職員を派遣し、希望すれば海外研修も応援します。

人事考課の仕組みと給与表があり、意欲と実績に応じて、キャリアアップすることが可能です。30代で管理職、さらには役員にも途用しています。将来の幹部候補生、萌葱の郷の屋台骨を背負ってくれる人材に育って欲しいと思っています。

心理学者でペンシルバニア大学教授のアンジェラ・リー・ダックワース氏が『成功を収める最も重要な要素は、才能やＩＱや学歴ではなく、個人のやり抜く力である』として『グリット』理論を提唱しています。

わかりやすく言えば、「諦めないで粘り強くやり抜く情熱」です。私も常々諦めないで情熱を持って継続すれば必ず成就すると言ってきました。

おわりに

養父から人様に迷惑をかけるようなことだけは絶対にしてはいけない、正直に生きなければならないと教えられ、その言葉を肝に銘じて生きてきたつもりですが、人様に迷惑をかけないで生きられただろうかと越し方を振り返ると、迷惑のかけ通しだったような気がします。

生きている限り、多くの人の世話になり、知らず知らずのうちに迷惑をかけ、時には嘘もつき、人を傷つけながら生きているのだと思います。誰の世話にもならず、誰にも迷惑をかけないことなどできる筈もありません。そのことを自覚しているか、いないかが大切なことではないでしょうか。

自己決定という言葉がありますが、そもそもこの世に生を受けること自体、どこの国や地域に、どんな両親のもとに生まれるか、誰も選ぶことはできません。私は父親の死で、幼児期に養子になりましたが、自分が望んで養子になったわけではありません。

戦後の平和な日本国に生まれたこと、実母や養父母の愛情に支えられたこと、そのことが天職を得るきっかけになったことは正に邂逅と

言えます。

単におもしろそうだというきっかけで高校のボランティア活動に参加しました。養護施設や知的障害児施設、盲学校に慰問（当時はそう呼んでいた）に行きました。

盲学校の学生さんは私と同年代でしたが、しっかりしていて大人に見えました。私はいつも迷惑ばかりかけていましたが、とても優しくされた記憶があります。

養護施設や知的障害児施設では子どもとはしゃぎまわって遊び、どちらが楽しんでいるのかわかりませんでした。福祉施設の職員になったあと、よく迷惑な訪問者を心良く受け入れてくれたものだと気づきました。

高校3年時に転校したことによって、ボランティア活動を仕事にできるとさぞかし楽しいだろうと思って福祉の道に進むことにしました。大学に通いながら養護施設で働きましたが、現実は想像していたものとは大きく違っていました。

夜は大学に通学するため、事務の手伝いや使い走りが私の仕事でしたが、仕入れ業者の印鑑が揃っていて、指示された金額を伝票や領収書に書き込む仕事などもしました。

魚屋さんや八百屋さんは忙しいので丁寧に書いている暇はないだろうと勝手に考えて、筆跡を変えながら走り書き風にそれらしく書きました。

経営者の自家用車も生活費も施設の運営費で賄われていました。そんなことに嫌気がさして1年で退職し、その後は倉庫会社の荷物運びやレストランのウエイターの仕事などをしました。

この体験があって不正のない施設を創ろうと思い立ったことが、「ひゅうまん運動」を立ち上げたきっかけでした。

「ひゅうまん運動」は中途で挫折しましたが、児童指導員として就職した滝乃川学園で自閉症児に出会いました。

当時は自閉症に対する知識や理解はなく、施設職員の側からすると自閉症児は手のかかる理解不能な迷惑な存在でしかありませんでした。

重度棟改革や生活見直し、全員就学に取り組み一定の改善を果たすことができましたが、必ずしも満足がいくものではありませんでした。最初に担当した自閉症児が全員卒園したとき、たまたま購入した自宅がバブル景気で「あれよあれよ」と言う間に高騰しました。
滝乃川学園に就職してから、14年間施設内の職員住宅暮らしで、家賃も電気代も水道代もかからない生活をしていましたので、施設の外で暮らすことの不安もありました。金銭的な不安もありましたが、当時「白い家」が強盗に襲われるという事件が頻発し、購入したのが「白い家」でしたので、すごく不安を感じました。
既存の施設での改革に行き詰まりを感じていたこと、「ひゅうまん運動」で挫折して協力して頂いた方々を裏切ってしまったこと、家を売れば施設開設の自己資金を賄えそうなことなどから、妻の故郷の大分で自閉症施設を開設することを思い立ちました。充分に計算したわけでも、成算があったわけでもなく突然ひらめいたのです。
ある人の紹介で、大分県庁に行き、たまたま厚生労働省から出向し

ていた霜鳥障害福祉課長に会い、立ち話でしたが、いけるという感触を得て、自閉症児の親たちの協力もあり、僅か3年という短期間で自閉症者施設「めぶき園」を開設することができました。

短期間で開設できた裏には、霜鳥さん、石井哲夫先生、自閉症協会の須田さんなどの力強いバックアップがありました。

理想的な自閉症者施設を創ると大見えを切ってスタートしたものの、バブル景気の真っ只中で求人難の時期だったこともあり、求職者が少なく、縁故採用に頼らざるを得ませんでした。支援員が足りなくて、調理員として採用した職員を支援員にまわしたほどです。

優秀な職員もいましたが、問題のある職員もいました。そのことによって職員間のトラブルが続出し、3年余りで当初採用した職員の大半が退職しました。

職員12名の小規模施設でしたから、職員個々の相性や軋轢がそのまま退職に結びついたのです。石井哲夫先生に職員が次々と辞めていく悩みを相談したら「流れに身を任せなさい」と助言されました。

石井先生のご助言通り、バブル景気も去り、求職難になったことから、地元の国立大学や福祉大学の出身者を採用することができました。その時期に採用した職員が幹部や施設長として萌葱の郷の屋台骨を支えて活躍しています。「万事塞翁が馬」とはよく言ったものだと思います。「めぶき園」を開園した年は赤字でした。その後10年余り1法人1施設の苦しい経営が続きました。1億円あればと毎年宝くじを買いましたが、一度も当たりませんでした。その後障害児デイサービス「なごみ園」、大分県発達障がい者支援センター「ECOAL」、ホームヘルプサービスセンター「らすかる」を開設しましたが、苦しい経営が続きました。

転機が訪れたのは障害者自立支援法の施行でした。障害者自立支援法は悪法と言われ当初は大変評判が悪かったのですが、障害福祉予算が裁量的経費から義務的経費に変わったことで、福祉予算が大幅な伸びを示し、新体系移行後は黒字経営が可能になり、グループホーム「かわしま」や障害福祉サービス事業所「どんこの里」を開設しました。

さらに「いぬかい保育園」の民間移管の受託法人となったことで、大分市内にも児童発達支援センターやこども園、保育園を開設し、自閉症総合支援センター、子育て総合支援センターとして発達障害福祉と子育て支援の理想実現を目指しています。

大分に施設を開設したのは、妻が大分の出身だったからです。妻が大分の出身でなければ大分で施設創りをしようとは考えませんでした。妻とは施設創りを目指して、全国行脚をしている時に京都で偶然知り合いました。点と点の僅かな接点でのめぐり合わせであり、奇跡というほかありません。

初めは妻の実家の土地をあてにしていましたが、交通の便が悪いことから、結局自閉症児・者親の会事務局長の岡本さんの口利きがあって、豊後大野市犬飼町に「めぶき園」を開設しました。

奇跡的な出来事や様々な人との出会いが無ければ自閉症支援を志すことも、ましてや自閉症者施設、さらには自閉症総合支援センター、子育て総合支援センターに発展することもありませんでした。

私にとって幸運だったことは良い師に巡り合えたこと、質の高い職員に恵まれたこと、長男をはじめとする後継者を得られたこと、幼少期に養子になったことも天命だと思います。

これまで歩いてきた道は辛いことや苦しいこと、時には死に瀕したこともありました。何度も死ぬ目に遭いながら、命をとりとめたことは奇跡というほかありません。

私たちの不注意や自己本位の弱さから、利用者の方を傷つけたり、亡くしてしまったこともありました。生ある限り謝り続けなければならないと思います。

少しのミスや不注意や傲慢さで利用者が命を落とすこともある大変責任の重い仕事です。福祉の仕事についている人、これからつこうとしている人はそのことを自覚してください。

私の経験したことや学んだことをまとまりなく書き綴りましたが、少しでも後に続く人たちの参考になれば幸いだと思います。

倫理綱領

萌葱の郷は、自閉症・子育て総合支援センターとして、保育、教育、子育て支援、早期療育、生活支援、就労支援、余暇支援、相談支援、普及啓発、専門家養成などの機能をライフステージを通して総合的に提供することで、障がいの有る無しに関わらず共に暮らせる共生社会の実現を目指します。

1. 個人の尊重

私たちは、利用児・者本位の立場から、一人ひとりの個性と自己決定を最大限に尊重し、主体的に生きられるよう支援します。

2. 人権の擁護

私たちは、利用児・者に対するいかなる差別、暴力、虐待、人権侵害も許さず、人としての尊厳を守るため細心の注意を払います。

3. 合理的配慮

私たちは、利用児・者一人ひとりの特性や場面に応じて生じる社会的障壁や生きづらさを取り除くため、合理的配慮を実践します。

4. 安全・健康への配慮

私たちは、災害への備えや環境・保健・衛生などの向上に努め、利用児・者の生命を守り、心身の健康が維持・向上するよう支援します。

5. 社会参加の推進

私たちは、利用児・者が年齢や障がいの状態などに関わりなく、地域社会を構成する一員としての市民生活が送れるよう支援します。

6. 守秘義務の遵守

私たちは、利用児・者のプライバシーを尊重し、職務上知りえた個人の情報や秘密を守ります。なお、退職後もその義務を負います。

7. 専門性の向上

私たちは、専門職としての使命と役割を自覚し、利用児・者が豊かで充実した人生が送れるよう、人間性と専門性の向上に努めます。

行動理念

専門職としての倫理と資質の向上のために不断の検証と研鑽を重ねて、質の高い保育・教育・支援を提供し、誰もが共に育ち、豊かに暮らせる社会を実現するために、ここに行動理念を定めます。

(1) 運営方針や事業計画は、定期的に利用児・者、保護者・家族に説明し、意見や要望を聞く機会を設けて、その意思を反映する。

(2) 個別支援計画や支援内容は、必ず利用児・者、保護者・家族に説明し、意見や要望を聞いたうえで、同意のもとに行う。

(3) 保育や教育、支援に当たっては、充分に利用児・者、保護者・家族に説明し、選択と自己決定の機会が得られるようにする。

(4) 利用児・者に対しては、年齢に応じた呼称や接し方を徹底し、一人ひとりに寄り添い、好みや嗜好、感性を尊重する。

(5) 利用児・者に対しては、偏見や先入観を持たず、公正・公平に接し、丁寧な関わりを心がけ、敬意を持って支援する。

(6) 常に災害や事故などに対する備えを見直し、全職員に周知することで、全職員が一体となって的確かつ迅速に行動する。

(7) 法令・社会規範・社会的倫理を遵守し、危機管理やヒヤリ・ハットに取り組み、事故などの不測の事態を未然に防止する。

(8) 利用児・者の健康管理に細心の注意を払い、必要に応じて適切な医療が受けられ、健康的な生活が送れるよう努める。

(9) 地域の文化や生活習慣を反映した、年齢にふさわしい暮らしを保障し、あらゆる場面で社会参加の機会が得られるよう努める。

(10) 地域ボランティアや実習生を積極的に受け入れるなど、地域社会との交流を図り、理解を深めて、開かれた施設づくりに努める。

(11) 利用児・者の個人情報の管理を徹底し、情報の共有に際しては、その秘密を保持するよう最善かつ細心の注意を払う。

(12) 専門職者としての責務を自覚し、倫理と専門性の確立に向けて、絶えず検証・研鑽し、職員相互の啓発に努める。

(13) 民主的な職場運営により、職員相互の意思疎通とチームワークの醸成を図り、全職員の合意に基づく統一した支援に努める。

保育・教育・支援の原則

(1) 安心感と信頼関係に基づき、清潔で快適・安全な生活環境を提供する。
(2) ごく当たり前の生活（ノーマライゼーション）と個別的な配慮を保障する。
(3) 手ごたえの持てる活動や外出の機会を通して社会性や意思決定を育む。
(4) 利用児・者の真のサポーターとなり、愛情を持って、見放さない。
(5) 個別支援計画に基づいて、余裕のある日課（ルーティン）を組み立てる。
(6) 遊び、生活、活動等での相互作用を通して、共感性や社会性を育てる。
(7) 特定の療育理論や技法に囚われず、幅広く学んで実際の場面で応用する。
(8) 行動の現象面だけを捉えず、環境や心理面での原因や背景を考察する。
(9) 支援にあたっては、記録→分析→仮説→実践→検証を繰り返す。
(10) 職員の勤務負担の軽減を図り、過労やメンタルに配慮する。
(11) 事例検討を重ねて支援方法を統一し、チームとして支援する。
(12) 職員自身の感情をコントロールし、穏やかで肯定的な態度で接する。
(13) 利用児・者の立場に立って、常に自らの支援を振り返り検証する。

(14) 丁寧に説明するなど、折り合いがつけられるように関わる。
(15) 医療と連携し、脳科学や神経生理学などの新たな知見に学ぶ。

沿革

昭和63年8月　大分県自閉症者施設設立発起人会結成
平成2年9月　社会福祉法人萌葱の郷設立認可
平成3年6月　障害者支援施設「めぶき園」開設
平成13年10月　ライフサポートセンター「なごみ園」開設
平成17年2月　大分県発達障がい者支援センター「ＥＣＯＡＬ」開設
　　　　6月　ホームヘルプサービスセンター「らすかる」開設
平成22年1月　グループホーム「かわしま」開設
　　　　5月　障害福祉サービス事業所「どんこの里いぬかい」開設

平成24年4月　「いぬかい保育園」開設（豊後大野市公営保育所民間移管）
子育て支援センター「ゆうゆうキッズ」開設（併設）
10月　相談支援事業所「プラス」開設
平成25年5月　こども発達支援センター「大分なごみ園」開設
平成27年4月　幼保連携型「いぬかいこども園」開設（旧いぬかい保育園）
6月　こども発達・子育て支援センター「なかよしひろば」開設
平成29年5月　こども発達支援センター「戸次なごみ園」開設
平成30年4月　「こざい保育園」開設
グループホーム「へつぎ」開設
令和元年4月　幼保連携型「こざいこども園」開設（旧こざい保育園）
令和2年4月　「へつぎ保育園」開設
法人本部棟新築
令和3年4月　こども発達・子育て支援センター「わくわくかん」開設
相談支援事業所「プラスα」開設

私の信条

我執を捨て、無心の境地で、世のため人のために働く

一．世のため人のために何ができるかを考えられる人

一．ミッション（使命感）とパッション（情熱）のある人

一．どうしたらやり遂げられるかを考えられる人

一．批判ではなく、建設的、具体的に考えられる人

一．困難に直面して、逃げずに立ち向かえる人

一．不正やごまかしをせず、強い正義感を持てる人

一．他人のせいにせず、責任のとれる人

一．自分に対して厳しく、他人を敬愛できる人

このような人に私はなりたい　康郎

■参考図書

石井亮一全集　石井亮一　石井亮一全集刊行会
実践障害児教育誌　石井哲夫　学研刊
自閉症児の交流療法　石井哲夫　東京書籍
ミラーニューロンの発見　マルコ・イアコボーニ　塩原通緒訳　ハヤカワ書房
自閉症の僕が飛び跳ねる理由　東田直樹　エスコアール
続・自閉症の僕が飛び跳ねる理由　東田直樹　エスコアール
挑戦する脳　茂木健一郎　集英社新書

■参考文献

重症・重度児者問題研究会研究誌一九七五「重度棟廃止をめぐって」五十嵐康郎
教育労働研究一九七六「福祉施設の現場から」五十嵐康郎
月間福祉二〇〇三
「支援費導入にあたっての障害児関係居宅サービス事業者の展望と課題」五十嵐康郎
公衆衛生二〇一八「強度行動障害児（者）への支援の今昔」五十嵐康郎
新聞報道（毎日新聞他）

ORIX
セレッソ大阪
天皇杯
コンサドーレ札幌
大分ガス

満4歳の著者（昭和26年1月3日）

【上】 大阪の阪急梅田地下入口はいうなればホームグラウンド。1日3万円以上売れる日もある。“店じまい”のあと必ず周辺を掃除。

【下】 大阪府枚方市にある本部事務所の前に勢揃いした本部専従者の面々。左端の鈴木君、一人おいた著者、尻餅をついた松本君が会の創設者。後列3人目の赤ん坊が長男、抱いているのが著者の妻。

（アサヒグラフ／昭和45年1月16日発行）

クリスマス会　右端は長男（滝乃川学園・講堂）

蓼科高原スキー旅行

初の沖縄旅行／ひめゆりの塔

初の沖縄旅行／守礼門

社会福祉法人萌葱の郷理事会　於 大分第一ホテル（平成2年10月13日）

【後列】　著者　矢野理事　石樽監事　林理事　岡本理事

【前列】　安東監事　高田理事長　石井理事　野村理事　※欠席者／時増理事

めぶき園落成式で来賓を代表して祝辞を述べる山村犬飼町長

絵画展に入賞し、
両親と記念撮影

験吟大会で吟じる利用者と著者

マラソン大会で力走する利用者

ゆうあいスポーツ大会でメダルを獲得し喜ぶ利用者

「アールブリュットジャポネ」（フランス）に
招待された作品を手にする秦亮太郎さん

豊後大野市主催の「ときめき音楽祭」で熱演する利用者。
ひたむきで真剣な演奏に感動し、涙ぐむ人もいました。

五十嵐　康郎（いがらし　やすろう）

1947年　香川県生まれ。日本福祉大学在学中に休学し、「ひゅうまん運動」創設。

1971年　滝乃川学園児童部就職。

1988年　大分県自閉症児・者親の会の協力を得て、大分県自閉症者施設設立発起人会代表就任。

1989年　滝乃川学園児童部退職、大分県に単身移住して自閉症者施設設立に専念。

1990年　社会福祉法人萌葱の郷設立。

1991年　自閉症者施設めぶき園開設、施設長就任。

2007年　社会福祉法人萌葱の郷理事長就任。

1993～2018年　九州・山口自閉症研究協議会地区委員。

2000～2015年　九州発達障害療育研究会理事。

2010～2016年　全国自閉症者施設協議会会長。

2012～2016年　日本自閉症協会副会長。

自閉症療育のコペルニクス的転回
エビデンスは現場にある　萌葱の郷メソッド

2021年５月20日　初版第１刷発行

著者　五十嵐康郎

発行　社会福祉法人　萌葱の郷
〒879-7761　大分県大分市中戸次5620番地1
TEL 097-574-8688　FAX 097-574-8687
https://www.moeginosato.net

挿絵　アトリエMOE

発売　学術研究出版
〒670-0933　兵庫県姫路市平野町62
TEL.079-222-5372　FAX.079-244-1482
https://arpub.jp

印刷　小野高速印刷株式会社

ISBN978-4-910415-49-9